STORIA DELL'ARTE ANTICA

Arte preistorica, mesopotamica, greca e romana

Jim Barrow

Copyright © 2022 – JIM BARROW

Tutti i diritti riservati.

Questo documento è orientato a fornire informazioni esatte e affidabili in merito all'argomento e alla questione trattati. La pubblicazione viene venduta con l'idea che l'editore non è tenuto a fornire servizi di contabilità, ufficialmente autorizzati o altrimenti qualificati. Se è necessaria una consulenza, legale o professionale, dovrebbe essere ordinato un individuo praticato nella professione.

Non è in alcun modo legale riprodurre, duplicare o trasmettere qualsiasi parte di questo documento in formato elettronico o cartaceo. La registrazione di questa pubblicazione è severamente vietata e non è consentita la memorizzazione di questo documento se non con l'autorizzazione scritta dell'editore. Tutti i diritti riservati.

Le informazioni fornite nel presente documento sono dichiarate veritiere e coerenti, in quanto qualsiasi responsabilità, in termini di disattenzione o altro, da qualsiasi uso o abuso di qualsiasi politica, processo o direzione contenuta all'interno è responsabilità solitaria e assoluta del lettore destinatario. In nessun caso qualsiasi responsabilità legale o colpa verrà presa nei confronti dell'editore per qualsiasi riparazione, danno o perdita monetaria dovuta alle informazioni qui contenute, direttamente o indirettamente.

Le informazioni qui contenute sono fornite esclusivamente a scopo informativo e sono universali. La presentazione delle informazioni è senza contratto né alcun tipo di garanzia. I marchi utilizzati all'interno di questo libro sono meramente a scopo di chiarimento e sono di proprietà dei proprietari stessi, non affiliati al presente documento.

Per ringraziarti dell'acquisto, in regalo per te un ulteriore eBook: **"IL PICCOLO ATLANTE DELLE DIVINITÀ: *Dalla mitologia greca al cristianesimo, una panoramica sulle più famose divinità del mondo"***

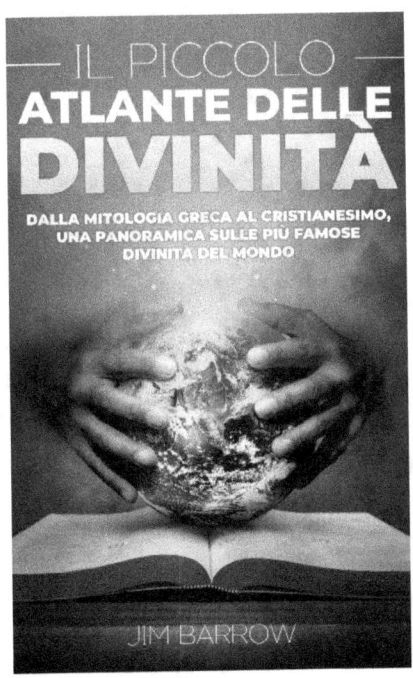

Scannerizza il seguente QR code per avere accesso immediato al tuo contenuto gratuito:

Oppure copia il seguente link sul browser:

https://jimbarrow28.subscribemenow.com/

SOMMARIO

INTRODUZIONE 1

CAPITOLO 1 ARTE PREISTORICA E ETÀ DEL BRONZO: LE ORIGINI DELL'ARTE E I SUOI PRIMI UTILIZZI 2

    ARTE PREISTORICA 7
    ARTE NEL NEOLITICO 11
    ETÀ DEI METALLI 19

CAPITOLO 2 ARTE MESOPOTAMICA 20

    ARTE SUMERA 22
        Periodo Protostorico (3500 – 2900 a.C.) 23
        Periodo Protodinastico (2900 – 2350 a.C.) 25
        Periodo Accadico da Akkad (2350 – 2150 a.C.) 27
        Periodo Neosumerico (2120 – 2004 a.C.) 28
    ARTE BABILONESE 30
        Periodo Paleobabilonese (2004 – 1595 a.C.) 30
        Periodo Cassita (1595 – 1150 a.C.) 31
        Periodo Neobabilonese (625 – 539 a.C.) 32
    ARTE ASSIRA 33
        Periodo Paleoassiro (1950-1750 a.C.) 33
        Periodo Medioassiro (1360-1050 a.C.) 35
        Periodo Neoassiro (911-615 a.C.) 37

CAPITOLO 3 ARTE GRECA 45

    ETÀ PROTOGEOMETRICA (1050 – 900 A.C.) 46
    ETÀ GEOMETRICA (900 – 700 A.C.) 47
    ETÀ ORIENTALIZZANTE (700 – 610 A.C.) 48
    LA GRECIA ARCAICA 49
    LA GRECIA CLASSICA 55
    IL PERIODO ELLENISTICO 69

CAPITOLO 4 ARTE ETRUSCA 74

CAPITOLO 5 ARTE ROMANA **84**
    Età Giulio-Claudia 91
    Età dei Flavi 96
    Età di Traiano 98
    Età di Adriano 102
        La tradizione ellenistico-romana *108*
CONCLUSIONE **113**
NOTA DELL'AUTORE **115**
BIBLIOGRAFIA **117**

INTRODUZIONE

La storia dell'arte è un universo così vasto e meraviglioso che difficilmente può essere riassunto in poche pagine, un po' come la definizione stessa di arte. Da dizionario, l'arte corrisponde a una qualsiasi forma di attività che esalta il talento inventivo ed espressivo dell'uomo; perciò, essa può assumere *qualsiasi* forma: dai dipinti, a un disegno abbozzato con la bic, a una scultura in marmo, ai graffiti che rallegrano i muri grigi della città, fino ad arrivare all'arte digitale dei giorni nostri.

Il cammino che state per intraprendere vi condurrà in una parte della storia dell'arte, quella che riguarda la preistoria, l'area orientale del mondo con i sumeri, gli assiri e i babilonesi e una gran parte del libro, invece, è incentrata sull'arte greca e romana che ha assunto una rilevanza maggiore e ha influenzato profondamente anche gli artisti più moderni.

E per voi che significato ha l'arte? Nasce dalla testa o dal cuore?

Vi lascio con questi due interrogativi: non dovete rispondere di getto, ma fissateli nella vostra mente mentre scorrete le pagine del libro, così che la risposta possa formarsi da sola nel vostro inconscio.

Non mi resta che augurarvi buona lettura!

CAPITOLO 1

ARTE PREISTORICA E ETÀ DEL BRONZO: LE ORIGINI DELL'ARTE E I SUOI PRIMI UTILIZZI

La Preistoria, letteralmente prima della storia, è un arco temporale immenso che ha inizio dalla comparsa dell'uomo sulla terra (circa 4,5 milioni di anni fa) e termina con l'invenzione della scrittura, ovvero cinquemila anni fa. Nel corso della Preistoria sono stati lavorati i primi oggetti, sono state rinvenute le prime scene di vita quotidiana riferite alla caccia, all'agricoltura e alla religione raffigurate direttamente sulle rocce interne delle grotte che sono giunte fino ai giorni nostri.

Possiamo suddividere la Preistoria in quattro periodi:

- *Paleolitico* dal 1.800.000 al 10.000 a.C.
- *Mesolitico* dal 8.000 al 6.999 a.C.
- *Neolitico* dal 6.000 al 4.000 a.C.
- *Età dei metalli (rame, bronzo e ferro)* dal 4.000 al 500 a.C. (oltre la Preistoria)

L'arte nella forma più antica esistita è vista come un mezzo per esaltare la natura, per la sua devozione, ma anche per idealizzare la vita e soggiogare la realtà secondo gli studiosi. Ad ogni modo, le raffigurazioni artistiche e i monumenti dell'epoca si basano tutti sul *naturalismo*, ossia un'arte che non si allontana, appunto, dalla natura. L'elemento principale che contraddistingue il naturalismo preistorico, più che lo stile geometrico (comunque presente e "riconoscibile"), è la prima comparsa del pattern di sviluppo artistico da cui prenderanno spunto tutte le arti successive, anche quella moderna e contemporanea; infatti anche all'epoca – nonostante le apparenze – ci furono già i primi sviluppi artistici, contrariamente a quanto affermavano i primissimi studiosi, che interpretavano le "opere" di quel periodo come ferme e statiche, come se fosse un fenomeno innato ma isolato a sé stesso. Stiamo parlando di un'arte che si evolve dal raffigurare con segni geometrici la natura, gli animali e scene di caccia verso una tecnica più fluida, quasi impressionistica se vogliamo, che però sa colpire in modo più immediato l'occhio di chi guarda. Si inizia quindi a disegnare in maniera più precisa ed esatta, tanto che l'arte delle rappresentazioni inizia a diventare una vera e propria maestria, con aspetti sempre più complessi.

Questo naturalismo di cui parliamo è una forma viva, mutevole, che si accinge a ricopiare la realtà tramite svariati mezzi, come vedremo. L'istintività è superata da un bel pezzo, nonostante il grado di civiltà sia ancora in divenire: i disegni che ritroviamo derivano dalla ragione e mostrano una sintesi teorica di ciò che vedono, non di ciò che provano combinando la veduta frontale con quella di fianco o dall'alto, senza tralasciare nulla ma esagerando a volte le proporzioni di ciò che assume un valore causale o biologico e trascurando ciò che non ha una funzione volta nel contesto.

Lo scopo dell'arte preistorica, dunque, qual era? Sappiamo soltanto che fu l'arte dei cacciatori, degli uomini che non avevano ancora modo di produrre il proprio cibo ma erano obbligati a raccogliere e catturare per potersi sfamare e che vivevano in piccole orde isolate, in una sorta di individualismo primitivo in cui gli dèi erano ben lontani, così come l'aldilà e la sopravvivenza dell'anima. In quell'epoca così lontana da noi, tutto girava attorno ai mezzi di sussistenza e possiamo supporre che l'arte servisse come *prassi magica con funzione pragmatica,* volta a fini economici istantanei. Si trattava di una magia che non ha nulla a che vedere con quello che noi possiamo intendere come religione, in quanto non esistevano preghiere, culti o devozioni a spiriti ultraterreni; era una tecnica più simile a quella che ci riguarda quando facciamo uso di sonniferi, quando concimiamo il terreno o predisponiamo delle trappole per topi: le immagini erano la trappola in cui gli animali selvatici dovevano cadere o dove erano già caduti. Le immagini dipinte dal cacciatore paleolitico gli facevano credere di avere la cosa stessa, ed egli, riproducendolo, era fermamente convinto di acquisire un potere su tale oggetto. Egli credeva infatti che l'animale dipinto rappresentasse in modo preciso il destino dell'animale vero in quanto quella rappresentazione non era altro che l'anticipazione di ciò che stava per accadere.

Per gli uomini dell'epoca quindi le rappresentazioni artistiche non avevano un significato simbolico, ma avevano lo scopo preciso di veicolare delle azioni. Facevano parte in tutto e per tutto del processo di caccia e delle altre azioni concrete. Il pensiero, la fede e tutto ciò che non riguardava l'azione concreta non nascondevano alcun effetto magico che, invece, poteva ritrovare nel dipinto parietale. Quando l'uomo preistorico pitturava un animale sulla roccia, procacciava un animale vero. All'epoca non esisteva il concetto di arte, di finzione e di pura immaginazione, e non esistevano raffigurazioni completamente separate dalla realtà materiale. L'uomo preistorico non metteva a confronto il mondo materiale con quello più "astratto", ma metteva i due mondi dentro lo stesso calderone e li considerava uno la naturale procecuzione dell'altro. A dire il vero, anche oggi il concetto che il mondo artistico continui la realtà comune è ben presente, ma chiaramente con tutte le evoluzioni e i pensieri che ci sono stati nei secoli la base di partenza è ben diversa.

Ogni altra interpretazione relativa all'arte paleolitica, come la sua spiegazione come forma ornamentale o espressiva è davvero poco sostenibile, in quanto appaiono tutta una serie di indizi come la collocazione dei dipinti negli angoli nascosti delle caverne dove mai avrebbero potuto servire come decorazione, o la sovrapposizione di pitture, ad esempio, che ci fanno immediatamente discostare da questo pensiero. Non esistevano intenti decorativi o estetici, così come non esistevano esigenze di comunicazione e libera espressione, possiamo infatti notare che molto spesso addirittura le pitture venivano camuffate o create in aree molto remote delle caverne, dove non era possibile vederle.

L'arte religiosa ha in comune *la segretezza* con l'arte magica: l'artista paleolitico considerava l'estetica solo come un mezzo per arrivare a un effetto magico. Infatti, si può notare come la maggior parte degli animali venivano rappresentati in maniera stilizzata e trafitti da frecce e lance, non proprio il miglior modo per dar risalto all'estetica insomma. Altra testimonianza dei rapporti tra arte paleolitica e magia risiedeva nel fatto che gli umani venivano rappresentati mascherati mentre danzano intorno agli animali cacciati: in questo caso non si tratta solo di imitare o simulare il "rituale", ma vuole letteralmente sostituirlo o comunque integrare la realtà. L'animale da invocare con la magia doveva essere uguale all'animale rappresentato. – l'immagine poco fedele non era soltanto sbagliata, ma irreale, priva di scopo.

I presupposti dell'arte sono due: l'idea della somiglianza e quella della creatività, della produzione dal nulla si sono formate al tempo delle sperimentazioni e delle scoperte che avvennero prima della magia. I contorni delle mani ritrovati in molti luoghi nei pressi delle pitture delle caverne e che approfondiremo nel corso del capitolo, sono semplici calchi che probabilmente venivano usati some sperimentazioni per dare consapevolezza all'uomo che si potesse creare qualcosa di fittizio e inanimato, per farlo somigliare al mondo reale. Inizialmente non aveva nessun significato (né artistico né magico), se non di divertimento, ma prima di diventare arte dovette comunque passare dalla magia. Viste le enormi differenze, non è certo che le figure di animali siano una diretta evoluzione di queste impronte.

Arte preistorica

Le prime testimonianze dell'arte preistorica possono essere datate a circa trentamila anni fa, quindi durante l'era del Paleolitico (dal greco *palaiòs* (vecchio) e *lìthos* (pietra): il periodo della pietra antica). L'uomo delle caverne è un nomade che vive di caccia e di raccolta all'interno dei siti rupestri che ancora oggi possiamo esplorare – parliamo delle caverne naturali di Pantàlica in Sicilia, delle grotte di Lascaux e della grotta di Chauvet in Francia, entrambe ricche di pitture che rappresentavano animali come stambecchi, bisonti e cavalli. Vivendo di caccia e di raccolta, l'uomo aveva la necessità di realizzare degli utensili di pietra e per farlo scheggiava dei pezzi di selce con altre pietre più dure, fabbricando i *chopper* utilizzati per raschiare pelli, tagliare carni o come arma da caccia. In seguito, le pietre non verranno scheggiate solo da un lato ma da entrambi, realizzando l'*amigdala* che poi veniva personalizzata con disegni geometrici per indicarne il possesso. Queste due tipologie di pietre non sono altro che la prima produzione artistica dell'uomo, nata da una necessità, quella di sopravvivere.

Con gli stessi strumenti l'uomo delle caverne sentì il bisogno di apporre dei marchi indelebili all'interno delle grotte in cui viveva, per rappresentare il mondo naturale in cui era immerso: è proprio così che ha origine l'affascinante arte parietale, che poi prenderà il nome di arte rupestre nel Neolitico. L'arte parietale ha una *funzione magica* in quanto gli ideogrammi[1] disegnati attorno alle figure sarebbero la traccia di antichi rituali: nella grotta Chauvet citata poco fa, ad esempio, la disposizione delle

---

[1] Ideogramma è un'immagine che richiama un oggetto: il disegno di un piede potrebbe significare l'atto di camminare.

specie di animali all'interno delle sale non sembra affatto casuale, come le unghiate sulle pareti e i crani ammucchiati nella sala più interna della caverna – è molto probabile che quella sia una grotta-santuario dedicata al culto dell'orso delle caverne, una creatura considerata soprannaturale che viveva nelle cavità della Terra. Le immagini raffigurate sono animali e uomini (ma anche di qualcosa di astratto che ancora oggi non siamo riusciti a decifrare) in eterno movimento incisi sulla pietra come riti propiziatori per la caccia, ma anche come semplici narrazioni di episodi reali. La prima, e più elementare, forma di pittura preistorica la possiamo trovare nell'impronta delle mani, che serviva più che altro a marcare una determinata zona. Queste impronte venivano realizzate immergendo una mano nel colore oppure disegnando col dito o attraverso una cannuccia da cui si spruzzava il colore. Le tecniche di pittura preistorica comprendono anche rozzi pennelli ricavati dalle ciocche di pelliccia animale o da rametti con la punta sfilacciata, mentre le tinte più utilizzate di colore nero, marrone, giallo, rosso e bianco venivano ricavate da elementi naturali sempre più vari, come estratti di erba, vari tipi di carbone e terra come l'argilla.

Oltre all'arte parietale, caratterizzata dall'aspetto realistico degli animali incisi e disegnati, durante questo periodo storico si svilupparono anche l'arte mobiliare, rupestre e vascolare. In queste arti possiamo trovare spesso raffigurati gli organi sessuali, considerati simboli della fertilità. A volte venivano usati gli animali per far riferimento all'uno o all'altro sesso, ad esempio l'elefante e il cavallo rappresentavano la virilità maschile, mentre mammut e giraffe il genere femminile. L'arte mobiliare nasce nel Paleolitico inferiore e si protrae fino al superiore, per un arco temporale che supera i cinquecentomila anni. Questa tipologia di arte è caratterizzata da statuette fatte di osso inciso in maniera grossolana tramite pietre e denti di animali caratterizzate da linee parallele o incrociate tra loro, oggetti che raffigurano corpi femminili con un duplice valore simbolico: quello di proteggere la casa e la fertilità della natura.

Il famosissimo archeologo e antropologo francese Leroi-Gourhan suddivise i linguaggi espressivi in quattro diversi tipi:

- Primitivo, costituito da ricche raffigurazioni di simboli sessuali e sagome di ogni genere di animale, specialmente cavalli, bisonti, cerbiatti e uri – famosi sono la testa di cavallo scolpita e decorata con segni geometrici o le lastrine a disco;
- Primitivo, con una smisurata quantità di statuette, a rappresentazione della donna – famose sono le veneri che raffiguravano seni prosperosi, ventre, pube e glutei sproporzionati rispetto alle braccia, alle gambe e alla testa. Le più importanti testimonianze di questo linguaggio espressivo sono la venere di Lespugue e la testa della venere di Brassenpouy conservate in Francia;
- Arcaico, dove spesso le opere venivano incise direttamente su placche. Frequenti anche piccole sculture generiche rappresentanti l'uomo o vari animali;
- Classico, dove prevalevano piccole opere scultoree molto precise e rifinite nella lavorazione. Molto belle e accurate nell'anatomia delle persone raffigurate.

Gli oggetti ricorrenti dell'arte mobiliare sono statuette con il valore simbolico di proteggere la casa e la fertilità femminile o della terra se sepolti nei campi: esse, infatti, raffigurano il corpo femminile in modo poco realistico ma volutamente deformato e venivano impiegati come amuleti. Una delle statuette più note è la Grande Madre o Venere di Willendorf, una scultura calcarea in cui gli attributi femminili sono esagerati, mentre la testa, i piedi e le braccia sono solo abbozzate.

Oggi è rarissimo trovare ancora resti dei beni artistici dell'uomo preistorico, in quanto realizzati su supporti o con materiali soggetti al deperimento (alberi, legno, pelli, fiancate rocciose esposte all'erosione).

Arte nel Neolitico

Il periodo di transizione che segue il Paleolitico di cui abbiamo appena parlato viene denominato *Mesolitico* e si tratta di un'era in cui gli uomini passano dall'essere nomadi a diventare stanziali e inclini all'allevamento e all'agricoltura, in quanto è indubbiamente più comodo e proficuo radunare degli animali per farli riprodurre piuttosto che cacciarli e vivere alla giornata, come risulta più semplice adibire una parte di campo per coltivare piuttosto che sperare di procacciare semi, frutta e verdura per sopravvivere. Così, la vita quotidiana subisce una variazione bella e buona: nascono i primi villaggi fatti di capanne e di palafitte, l'uomo si ingegna per creare oggetti di ceramica e levigare pietre per renderle più affilate e inizia a produrre anche i primi tessuti. Come potrete intuire, così come cambia la vita di tutti i giorni, anche l'arte che un tempo serviva come rito propiziatorio ora non era più necessaria a quello scopo: le scene di caccia vengono rimpiazzate dalla documentazione degli avvenimenti quotidiani, quali il lavoro nei campi e il pascolo del bestiame.

Questo stile di pittura viene definito *naturalistico* e durerà per diverse migliaia di anni; il cambiamento si rivela soltanto con il passaggio dal Paleolitico al Neolitico in quanto soltanto a quel punto la molteplicità delle esperienze che offre la visione naturalistica si lascia sormontare dalla geometria stilizzata che, invece di documentare la vita reale nella sua interezza, vuole fissare un concetto, creare una nuova simbologia e non semplici imitazioni. Le cosiddette *incisioni rupestri* dell'età neolitica abbozzano la figura umana con pochi elementi geometrici, elementarissimi: una linea verticale per il busto e due semicerchi per rappresentare le braccia verso l'alto e altri due semicerchi per raffigurare le gambe.

I *menhir*, i famosi monumenti funebri, venivano visti come ritratti stilizzati dei defunti in una posa plastica: la superficie di queste costruzioni megalitiche è costituita da un tratto che separa la testa dal busto, la parte più bislunga della pietra; sul volto sono segnati due occhi con due puntini e il naso è incluso con la bocca oppure, alle volte, con le sopracciglia. Per riconoscere l'uomo dalla donna, i menhir sono stati adornati di armi o di seno, a seconda dei casi. I giganteschi menhir, un termine traducibile come *pietra lunga*, sono delle costruzioni che venivano conficcate nel terreno per segnalare una sepoltura o un luogo sacro in generale – oggigiorno possiamo ritrovarle nelle nostre isole, ma anche in quelle britanniche. Di fatto, questa pietra megalitica era semplicemente un enorme masso che veniva fatto rotolare fino al punto desiderato e poi veniva fatto scivolare nella buca scavata che, in seguito, veniva richiusa per rendere stabile il menhir.

Un'altra costruzione molto interessante e di cui sicuramente avete già sentito parlare sono i *dolmen*, delle costruzioni che venivano impiegate per segnalare tombe collettive o per compiere sacrifici: essi, infatti, erano costituiti da due grandi blocchi di pietra posizionati in linea verticale che sorreggevano una lastra orizzontale. Un trilitico sostanzialmente, composto da due montanti non eccessivamente distanti tra loro per non far rompere l'architrave – essendo fatto di pietra, infatti, esso non è flessibile e non è così stabile come si potrebbe pensare. Per distanziare i due montanti è necessario utilizzare un architrave più spesso, ma capite bene che si trattava di una soluzione poco realizzabile al tempo, in quanto gli uomini non avevano ancora a disposizione gru e tecnologie moderne. Dolmen e menhir disposti in un certo modo, precisamente in cerchi concentrici, formavano il cosiddetto *cromlech*, un luogo dedicato al culto del sole – parliamo di Stonehenge nella pianura di Salisbury in Gran Bretagna, ad esempio.

Questo cambiamento di stile, che rende questo tipo di arte completamente astratta, nasce da una riforma, una novità, dell'ambiente circostante: l'uomo si evolve nel momento in cui decide di smettere di vivere alla giornata in maniera completamente passiva e inizia a produrre in autonomia i mezzi per sopravvivere, coltivando la terra e allevando gli animali. In questo modo, egli inizia a trionfare sulla natura, rendendosi autonomo dal destino e iniziando a provvedere ai propri fabbisogni con metodo, diventando previdente ed elaborando le prime forme di capitale. Tutti questi punti chiave sono gli elementi che differenzieranno poi la società in sfruttati e sfruttatori, differenziando poi i mestieri domestici tipicamente femminili e in mestieri maschili, come la difesa del campo e la coltivazione.

Il cambiamento dalla civiltà dei cacciatori e dei raccoglitori a quella dei piantatori e dei pastori si reitera in tutto il ritmo della vita: come abbiamo anticipato, i nomadi diventano popolazioni sedentarie, i gruppi disgregati si tramutano in collettività ben organizzate ma anche vincolate al terreno e questo vincolo sviluppò una nuova economia visibilmente in contrasto con quella improvvisata di cui si è vissuto per tanti anni. Ora lo stile di vita è moderato, stabile, organizzato anche in previsione di eventualità varie ed eventuali, con una comunità alle spalle più o meno raggruppate e dirette unitariamente: passiamo da un'esistenza priva di un centro a una vita che, invece, gravita attorno all'appezzamento terreno, alla casa, alla famiglia e... al santuario.

Se da una parte abbiamo il periodo preistorico caratterizzato dall'esoterico, dalla magia e dall'ossessione della sopravvivenza e della paura per la morte e per la fame, ora il sortilegio viene sostituito dal culto e dalle sue pratiche, ma anche dai riti. Un tempo l'uomo non aveva ancora sviluppato il collegamento tra bene e male con una forza che si nascondeva dietro determinati avvenimenti, forse perché troppo impegnato a procacciarsi il cibo e a sopravvivere: è l'uomo reso contadino (o pastore) che inizia a comprendere e a percepire la sorte come qualcosa di guidato da forze esterne. Si tratta di una vera e propria presa di coscienza quella di comprendere di essere dipendenti dall'abbondanza e dalla siccità così come dalla pioggia, dal sole ma anche dalla pestilenza, che fa scattare il pensiero dell'esistenza di spiriti e demoni dispensatori di malvagità e benevolenza.

Questa è la *fase dell'animismo,* una religione brulicante e feconda di spiriti, del credere che esista un'anima all'interno del corpo, che non siamo fatti di sola carne, e del culto dei morti. Secondo l'animismo, il mondo intero si divide in reale e surreale, un mondo visibile e uno invisibile popolato da questi spiriti. Insieme alla fede e al culto nasce anche il bisogno di creare degli amuleti, dei simboli sacri, dei sepolcri e delle immagini da idolatrare; durante quest'epoca storica, si discerne l'arte profana da quella sacra che diventa intellettuale, composta da idee e simboli e non più da mere riproduzioni irrazionali. La riproduzione, infatti, diventa gradualmente un segno pittografico, le tante immagini si perdono in uno stenogramma quasi privo di un valore figurativo; se il pittore del paleolitico era, di fatto, un cacciatore, doveva anche essere un astuto e abile osservatore della realtà e doveva essere capace di riconoscere le migrazioni degli animali, ma anche i luoghi più frequentati, oltre ad avere un occhio acuto per scorgere differenze e somiglianze, un udito fine per trovare anche gli indizi più nascosti. Insomma, detto in breve, i sensi del pittore primitivo dovevano costantemente essere all'erta, alla ricerca di un segnale proveniente dalla realtà più concreta che si possa pensare – tutte caratteristiche che si rifanno nell'arte naturalistica tipica del periodo paleolitico; ora, invece, il contadino neolitico capite bene che non ha più bisogno di attivare i sensi costantemente, non ha più bisogno di osservare attentamente la realtà che lo circonda per poter sopravvivere. È così che i suoi sensi si atrofizzano, così come la sua capacità di osservazione e la sua sensibilità, facendogli perdere quel valore per acquisire abilità più razionali e volte all'attività economica. L'arte in quest'epoca diventa sintetica, pratica, non ha bisogno di decori e ghirigori per rappresentare la realtà ma, anzi, di simboli e di immagini stilizzate che vedono l'oggetto concreto non come la perfetta immagine di un mondo similare, *bensì come il confronto di due mondi*.

Questo confronto fa scaturire una nuova concezione dell'arte, che non è più imitatrice ma nemica della natura, non fornendo più una sorta di estensione della realtà. Si tratta di un dualismo che sorge in parallelo alla fede animistica di cui abbiamo parlato poco fa, e che poi si rifà in tante teorie filosofiche che si ritrovano nell'antitesi di spirito/corpo, idea/realtà, anima/forma e così via. Un concetto inseparabile dall'arte d'ora in avanti. Tra questi opposti nascerà un equilibrio ma si creerà anche una tensione percepibile in tutti gli stili dell'arte occidentale, formali e non.

La nuova arte neolitica è formata da uno stile geometrico e ornamentale che padroneggia interamente la civiltà del bronzo e del ferro, l'antico oriente e anche la Grecia arcaica come avremo modo di constatare: il dominio di questo stile è talmente incontrastato che nessuna tendenza artistica sarà più capace di sviluppare qualcosa di simile. *Che cosa sostiene una concezione artistica così schematica così a lungo?* Verrebbe da domandarsi. Questa diffusione dello stile geometrico coincide con l'unità sociologica che domina l'epoca neolitica: ora la popolazione è organizzata in un certo modo, con un centro che gravita attorno alla casa e al culto, in netto contrasto con l'individualismo e il disordine di cui vivevano i cacciatori preistorici. Un'anarchia, se vogliamo, un dinamismo che si tramuta in stabilità anche nel campo artistico e, di conseguenza, anche l'arte varia il suo obiettivo che ora vuole espandere l'esperienza e differenziarla, non più replicarla. Ora la visione della realtà è più tradizionale e statica e, di conseguenza, anche le forme di vita diventano stazionarie, così come le forme artistiche che si trasformano in qualcosa di tutt'altro che dinamico, bensì immutabile.

Questa immutabilità si ripercuote anche nell'arte vascolare che, infatti, vede la produzione di vasi in serie. Durante il Neolitico, come abbiamo accennato, l'uomo inizia a lavorare la ceramica facendo cuocere nei forni appositi contenitori di argilla. La tecnica più utilizzata era quella a colombino, che vedeva un cordone di argilla che formava il vaso, un oggetto che da sempre ha ammaliato e che tutt'ora ammalia l'uomo: esso infatti lo ha spronato a decorarlo e a cercare nuove forme sempre più moderne che ancora oggi sono in voga. Non è un caso dire che l'arte vascolare odierna pone le sue origini nel Neolitico: in Cina, ad esempio, si fabbricarono i primi vasi di terracotta, seguiti poi da vasi più complessi con superfici riccamente decorate e raffiguranti qualsiasi tipo di animale, ma specialmente da pesci. Il significato di quel determinato animale non è noto e non è nemmeno simbolico: l'obiettivo era quello di evidenziare le decorazioni e di porre l'attenzione proprio sui loro contrasti. Il vaso così configurato assumeva uno straordinario significato e i temi raffigurati prendevano le più variegate valenze, nonostante fossero gli stessi dell'arte parietale.

A livello artistico, il Medio Oriente diede il via alla propria produzione di ceramica, in quanto fu influenzato dalla vicina Cina: i primi vasi erano semplici e di colore marroncino, con una bocca tondeggiante e abbellita con conchiglie, poi i motivi divennero sempre più figurativi e geometrici fino a divenire forme e veri e propri linguaggi dettati dalla creatività dell'artista. Questa ceramica abbellita si era ormai diffusa a macchia d'olio davvero ovunque, dalla Cina fino al centro Europa, in concomitanza con la diffusione del calice decorato con pettini e rotelle.

Eppure, questa trasformazione dal naturalismo paleolitico al geometrismo tipico del Neolitico non avviene senza passare per una forma intermedia: probabilmente, già alcune tribù paleolitiche basate sulla caccia avevano iniziato a conservare alcuni bulbi, a risparmiare animali che avrebbero poi allevato. Non si tratta di un cambiamento repentino in ambito economico e artistico, ma di un rinnovamento progressivo, piuttosto. Per quanto concerne le condizioni sociali ed economiche dell'uno e dell'altro stile – quello naturalistico e quello geometrico – possiamo affermare che il naturalismo sia connesso con forme di vita più individualistiche e profane, con una mancanza di abitudini, tradizioni e routine fisse; il geometrismo, invece, ha più una tendenza all'organizzazione indivisibile e con una visione del mondo indirizzata verso l'aldilà; tutto ciò che discerne e va oltre la verifica di questi rapporti, per lo più si basa su equivoci.

Quando ancora sbocciava il naturalismo, in Spagna fiorivano delle pitture di carattere espressionistico più che impressionistico; gli autori di queste opere d'arte erano più direzionati alla dinamicità dei corpi e alle espressioni dei gesti che vennero esaltati ed esasperati dalle proporzioni delle membra. Abbiamo, infatti, toraci troppo sottili, gambe lunghissime e quasi caricaturali, braccia che si contorcono e giunture tutt'altro che dritte. Questo espressionismo non si contrappone al naturalismo nonostante i lineamenti esagerati offrano una stilizzazione importante. La vera transizione dal naturalismo paleolitico al geometrismo neolitico si ha con la *semplificazione dei contorni*: gradualmente, infatti, i contorni delle figure vengono sempre più trascurati, diventando astratti e rigidi. Questo schema segue due direzioni: una si sforza di sorgere forme nette e individuabili a colpo d'occhio, mentre l'altra si occupa di creare forme decorative e piacevoli alla vista.

E così, al tramonto dell'era paleolitica, scorgiamo tre forme sostanziali della rappresentazione artistica già ben sviluppate: parliamo dell'arte limitativa, ovvero della *riproduzione naturalistica,* dell'arte informativa ossia del *disegno pittografico* e dell'arte decorativa, *l'ornamento astratto.*

Età dei Metalli

L'età dei metalli segue quella della pietra: parliamo di rame, bronzo, ferro e oro che servono a produrre decine e decine di nuovi accessori come oggetti da lavoro e per la cura della persona, manufatti che ancora oggi utilizziamo. Questa scoperta diede una decisiva svolta alla storia dell'uomo dal punto di vista economico e sociale. In primo luogo, si formò la classe artigianale di coloro che forgiavano i metalli, i fabbri; i commercianti assunsero una rilevanza sempre maggiore in quanto essi provvedevano alla diffusione delle merci anche tra popolazioni distanti e il loro lavoro fu favorito dall'invenzione del carro e della ruota. Questi scambi di merci avvenivano sempre lungo i corsi d'acqua o via mare, in quanto non esistevano ancora delle strade via terre facilmente percorribili. Fu così che ebbe inizio la navigazione costiera che si evolverà poi in quella a mare aperto.

Dal punto di vista artistico, la scoperta dei metalli portò a una realizzazione di forme schematiche scolpite a bassorilievo in Lunigiana, tra la Liguria e la Toscana, chiamate statue-stele: esse erano realizzate in arenaria e venivano lavorate con strumenti in pietra che scolpivano e raschiavano le parti che dovevano restare in rilievo.

Un'altra invenzione che influenzò in particolar modo la produzione di ceramica fu il tornio, uno strumento che consente di creare vasi precisamente circolari che, ormai, venivano riservati al corredo funebre dei defunti.

CAPITOLO 2

ARTE MESOPOTAMICA

La Mesopotamia era famosa per avere un'economia fondata sull'industria e sul commercio, sul credito e sul denaro secondo il codice di Hammurabi risalente al terzo millennio a.C. Quest'ultimo mostra che artigianato e commercio, gestione del credito e contabilità avevano raggiunto uno sviluppo notevole, specialmente in Babilonia dove si praticavano transazioni bancarie complicate per l'epoca in cui venivano praticate – parliamo di pagamenti a terzi e di mutuo conguaglio dei conti. In aggiunta a ciò, anche gli scambi commerciali e finanziari erano molto più sviluppati rispetto al regno Egizio, non è un caso, infatti, che l'uomo Babilonese venne definito dagli studiosi il primo esempio di *homo aconomicus*.

La limitazione formale dell'arte babilonese, nonostante l'economia più dinamica, era data dal rigido dispotismo e dallo spirito religioso poco tollerante che compromisero l'azione liberale della città, unito al fatto che al tempo l'arte non esisteva se non al servizio del tempio e del re e nessuno aveva modo di influenzare sul suo sviluppo, ad eccezione del clero e del sovrano. Anche l'artigianato rurale ebbe una scarsissima importanza (soprattutto se confrontata con le altre civiltà dell'antico Oriente), e l'attività artistica era decisamente anonima – se non addirittura quasi nulla confrontata all'Egitto: infatti non siamo a conoscenza, tutt'oggi, di nessun artista di spicco mesopotamico. L'unica testimonianza che abbiamo oggi è la cronologia degli eventi. Il codice di Hammurabi, infatti, mette sullo stesso piano calzolai e fabbri con architetti e scultori.

Fatta questa breve premessa, possiamo iniziare a parlare dell'arte mesopotamica che è stata divisa in tre macrocategorie: arte sumera, arte babilonese e arte assira.

Arte sumera

Iniziamo a dire innanzitutto che il termine "arte sumerica", per parlare delle forme artistiche mesopotamiche del III millennio a.C., non è propriamente esatto, in quanto, nonostante esistano testi del periodo Protodinastico scritti in sumero, stiamo comunque parlando di un'area geografica enorme e dalla popolazione molto variegata. È quindi impossibile riconoscere autonomie o forme artistiche da attribuire ad un determinato gruppo linguistico.

La provenienza del popolo dei sumeri è ancora sconosciuta: sappiamo soltanto che non si trattava di una stirpe semitica e che le aree del Tigri e dell'Eufrate hanno ospitato altre civiltà. Quel che è più certo, invece, è che la civiltà sumera verso il IV millennio a.C. risiedeva a nord, sui monti Zagros e solo intorno al 3500 a.C. ha occupato la zona dei due fiumi già citati. La ragione per cui le testimonianze giunte fino a noi sono scarse sono fondamentalmente due: le costruzioni al tempo venivano realizzate con mattone cotto e non in pietra e, inoltre, i sumeri non credevano nella vita dopo la morte e, pertanto, non avevano bisogno di ingegnarsi per mantenere intatto il corpo in putrefazione.

L'arte sumerica conosce quattro fasi:

- Periodo Protostorico (3500 – 2900 a.C.)
- Periodo Protodinastico (2900 – 2350 a.C.)
- Periodo Accadico da Akkad (2350 – 2150 a.C.)
- Periodo Neosumerico (2120 – 2004 a.C.)

Periodo Protostorico (3500 – 2900 a.C.)

Questo periodo storico è caratterizzato da nuove tecnologie, da uno sviluppo organizzativo e da un grande sforzo di sfruttamento dei terreni agricoli che produrrà la cosiddetta rivoluzione urbana, definita in questo modo per mettere in evidenza la rapida accelerazione socioeconomica della Mesopotamia del IV millennio a.C. Si sviluppano, dunque, i primi centri urbani che superano la struttura del villaggio neolitico che accompagnano la trasformazione su tre piani: tecnologico, organizzativo e demografico, definendo in questo modo due tipologie di rapporti con lo Stato, ossia uno di dipendenza e uno libero. Il primo è formato da persone che lavorano con i mezzi messi a disposizione dal re o con un sistema di razioni o, ancora, con l'assegnazione di terreno – quindi con un sistema di sussistenza che dipende dal palazzo – e l'altro in cui è il singolo individuo a detenere mezzi di produzione o terreni agricoli per provvedere al sostentamento della sua famiglia. Dal punto di vista tecnologico viene migliorato il sistema di canalizzazione, viene perfezionato l'aratro-seminatore che consente di ridurre i tempi di lavorazione dei campi e, di conseguenza, aumenta la concentrazione demografica al centro di Sumer, a Uruk.

In questo periodo di grandi innovazioni, anche l'arte tende a raccontare le trasformazioni legate all'agricoltura e i cicli naturali. Inoltre, spesso le opere inneggiano alle divinità e servono per pregare per la fertilità della terra e della vita. Per quanto concerne l'architettura, sono state identificate *fabbriche templari* come lo Steinstifttmosailtempel nell'area dell'Eanna a Uruk, una costruzione formata dal tempio a mosaico, dal Palazzo Quadrato, da due templi religiosi, il cortile a mosaico e dalla sala dei Pilastri. Analizziamoli insieme.

Un edificio a mosaico di coni di pietra grande 19 x 29 metri racchiudeva una cella centrale e due ali simmetriche, recintato da lastre di pietra. Il suddetto mosaico era molto particolare, infatti era formato da blocchi conici di terracotta che venivano inseriti all'interno della parete come se fossero chiudi, quindi ordinati in senso orizzontale in file sovrapposte con la punta indirizzata, ovviamente, verso il muro.

Il palazzo Quadrato (progettato su un cortile di trentuno metri) era circondato da vani disposti lungo tutto il perimetro, e presentava vari ingressi su tutti i lati. Sporgenze e rientranze caratterizzavano le facciate secondo una tradizione conosciuta anche negli altri complessi religiosi della zona.

I due templi religiosi formati da sale centrali e sue ali di locali con numerose altre stanze.

All'interno del grande complesso architettonico potevamo trovare anche un cortile a mosaico, sempre formato da coni di terracotta, colorato di rosso, bianco e nero.

L'ultimo edificio di cui era composto il complesso è la sala dei Pilastri (chiamata col nome tedesco *Hallenbau*), che una volta veniva usata come osservatorio solare o come calendario, grazie alle ombre proiettate al suolo durante i solstizi e gli equinozi. Lo spazio (18x41 metri) era formato da un ampio spazio rettangolare costeggiato da due ali che contenevano stanze comunque raggiungibili solo dall'esterno.

Lo *stile statuario* delle prime opere di questo periodo è molto naturalistico, spesso privo di caratterizzazione e le opere che raffigurano l'uomo sono distaccate, inespressive per evocare una certa spiritualità. La statua diventa così il rapporto più evidente tra l'individuo e la divinità, in quanto la persona rappresentata è in un atteggiamento rispettoso di devozione. La massima autorità era rappresentata dalla statua del busto di Uruk: lunghi capelli raccolti da un diadema, barba arrotondata e folta, muscolatura possente, mani a pugno chiuso sul ventre e gonnellino corto (che ai tempi non era visto come viene visto oggi) ne facevano un grande simbolo di staticità e di eternità.

Rispetto alla statuaria che abbiamo detto essere la connessione tra uomo e dio, il rilievo ha più una funzione celebrativa con ampi significati connessi all'ordine sociale. In questo periodo compare la forma del campo della comunità mentre combatte contro i leoni con una lancia o del capo che lotta contro i tori per dare l'idea che la guida della comunità sia in grado di controllare la natura, l'imprevedibile e al tempo stesso evoca una certa stabilità, un ordine sociale e un equilibrio nel rapporto con la divinità.

Il sigillo a cilindro sostituisce i primi esemplari di stampo conosciuti fino a quel momento in tutta l'alta e la bassa Mesopotamia; esso aveva la funzione di controllare le operazioni di entrata e uscita economica ed era rotolato sull'argilla che, indurendosi, ne conservava l'impronta. La forma cilindrica era volutamente usata per sigillare al meglio una superficie molto più ampia.

Periodo Protodinastico (2900 – 2350 a.C.)

Questo periodo, chiamato così per stabilire una continuità storica, mostra omogeneità culturale nonostante la Mesopotamia sia caratterizzata da una miriade di città-stato e da un risaputo policentrismo. Durante questo periodo si assiste a una forte crescita demografica nei maggiori centri, quali Uruk, Lagash,

Ur, Umma, Kish, Assur e Mari. I complessi religiosi conservano una certa importanza e l'arte è frutto di una precisa propaganda atta a legittimare i re delle città-stato.

Rispetto allo schema tripartito del periodo appena citato, l'architettura subisce delle variazioni sostanziali, specie tra tempio alto e tempio basso. Come possiamo notare nei templi quadrati di Abu e di Shara, vi è ora una corte centrale circondata da altre corti minori e da vani e una cella di culto che accoglieva la statua del dio. Con il periodo Protodinastico compaiono anche i primi complessi architettonici palatini come Kish, Jemdet Nasr, Tell Asmar, Eridu, e Tell al-Willaya. L'insufficienza dei rinvenimenti non ci permetto di riconoscere altri tratti comuni dell'architettura dell'epoca, a parte le peculiarità già citate.

Per quanto riguarda l'area statuaria dell'epoca, possiamo dire che segue i canoni artistici basati sulla basa geometrica e sviluppati poi nella forma cilindrica. Non vi sono spigoli o traumi di linee e l'immagine risulta sinuosa e morbida. Le statue rappresentavano sempre fedeli in preghiera ed erano realizzate in modo talmente schematico che la prospettiva naturalistica è lontana anni luce; la principale finalità della statuaria in Mesopotamia era quella di far comunicare il popolo con le divinità tramite la creazione di un codice che potesse servire a tale scopo. Le braccia sono centrali e gli occhi sono di una grandezza spropositata, carichi di una forza trascendente per dimostrare di essere in dialogo con la divinità, appunto.

Il periodo Protodinastico è caratterizzato dalla *placca votiva*, una lastra di 20/30 centimetri che tratta il tema del banchetto imbastito a seguito di qualche cerimonia religiosa, principalmente. La stele degli avvoltoi è particolarmente significativa di quest'epoca e rappresenta una nuova complessità nella composizione per esprimere i concetti del periodo precedente ma in modo innovativo. La stele citata esaspera la narrazione e descrive quanto successo, il motivo per cui accadde e il modo, formalizzando così gli aspetti tra sovrano, esercito, nemici e divinità. La stele, dunque, non racconta semplicemente l'evento in sé, ma spiega gli esiti attingendo dai pensieri che condizioneranno anche la successiva produzione di arte.

I sigilli del Protodinastico sono completamente diversi da quelle del periodo precedente, in quanto viene identificato l'eroe nudo con Gilgamesh mentre sorregge un toro per le corna oppure viene rappresentata la figura di Enkidu raffigurato come uomo-toro. Queste scene di lotta tra eroi ed animali verosimilmente riflettono la contrapposizione tra le forze maligne e l'ordine imposto dagli dèi.

Periodo Accadico da Akkad (2350 – 2150 a.C.)

Del periodo Accadico è giunto ben poco, e possiamo dire che le due aree artistiche ricoperte sono solo quella statuaria e quella glittica.

L'esempio più rilevante della statuaria è dato dalla Testa di Sargon, il fondatore del regno akkadico. Si tratta di una testa bronzea rinvenuta a Ninive formata da palpebre molto accentuate, il naso aquilino e gli zigomi pronunciati. Il volto è decisamente poco astratto ma più realistico rispetto alla precedente tradizione protodinastica. Anche la barba che termina in due ciocche ben distinte è più ricercata e resa con fini sciocche sostituite da semplici linee in prossimità della bocca.

Invece, per quanto concerne lo stile del rilievo, l'opera che più esprime quest'arte è la stele di Naram-Sin custodita a Parigi nel Museo del Louvre. Proprio come la figura di Sargon, quella di Naram-Sin sostituirà un modello letterario ampiamente sfruttato nel periodo precedente, sviluppando una comunicazione ideologico-religiosa in cui il contenuto di propaganda è legato ad aspetti celebrativi del re. La rappresentazione comunica un senso di inarrestabilità misto alla drammaticità della scena, due sensazioni date dalla postura da generale, lo sguardo rivolto verso l'alto e i nemici calpestati a terra. L'esercito akkadico non viene più visto come una moltitudine compatta e poco distinguibile, bensì viene enfatizzata dal piano obliquo su cui si stagliano le figure.

Periodo Neosumerico (2120 – 2004 a.C.)

Il crollo della dinastia di Akkad causato dall'invasione dei guti, una popolazione montanara, la Mesopotamia conosce l'ascesa della dinastia di Lagash. I guti vengono sconfitti attorno al 2119 a.C. ma solo dopo sette anni di regno, la dinastia di Uruk dovette cedere il primato a Ur-Nammu, il governatore di uno dei principali centri della Mesopotamia meridionale.

Il sovrano di Lagash, Gudea, è la figura più enigmatica e meno compresa della storia. Egli è rappresentato nell'arte statuaria tramite statue stereotipate, con una toga a forma di mantello nella quale si intravedono i pettorali, in una postura da fedele con le mani giunte sul petto, portate in primo piano dalla grandezza prospettica. Quando non è rappresentato calvo, sul suo capo troneggia una tiara a calotta con un alto bordo verticale arricchito da riccioli allineati. Questo tipo di copricapo troverà un'ingente diffusione con i sovrani della dinastia di Ur. Nonostante il materiale impiegato (la diorite) e gli aspetti plastici richiamino il periodo precedente, ora il sovrano è inserito in un concetto nuovo, che rende l'immagine compatta in una nuova postura più formale rispetto a prima.

L'architettura rinvenuta fino a noi si concentra nelle zone di Ur, Sippar e Nippur, nonostante il massiccio programma architettonico bramato da Ur-Nammu. Il sacro quartiere di Ur era composto da tanti edifici, organizzati nei pressi della ziqqurrat: si tratta di un complesso religioso composto da due o tre terrazze raggiungibili da una scala centrale e da due laterali. Il santuario si collocava nel piano più alto. Un'altra fabbrica monumentale era l'Ekhursag di Shulgi che doveva essere la fabbrica del palazzo, un edificio di 57 metri per lato con un ingresso situato nella parte nord-ovest, composto da due grandi sale che avevano la funzione di anticamera e sala del trono.

I temi trattati durante questo periodo sono incentrati sulla figura del re reso divino che ospita i fedeli (o gli ufficiali, a seconda di come vogliamo vederli) inseriti da una divinità minore, seguendo uno schema che si ripete e già sperimentato nelle fasi che seguono il periodo Akkadico. Le figure sono poste in maniera ordinata, in una esasperazione dei personaggi in senso verticale.

Arte babilonese

I principali segmenti periodici che contraddistinguono l'arte babilonese sono tre: il periodo Paleobabilonese, quello Cassita e quello Neobabilonese. Questa divisione ci ha consentito di conoscere meglio tutta la seconda metà del II e la prima metà del I millennio a.C., seppur con qualche lacuna documentale. Analizziamo insieme questi tre periodi.

Periodo Paleobabilonese (2004 – 1595 a.C.)

L'attività edilizia in questo periodo è intensa e mira a restaurare i principali complessi sacri della Mesopotamia, come quelli di Nippur, Uruk e Ur. L'architettura sacra, in linea generale, sviluppa dei canoni tipologici già conosciuti in epoca arcaica, nel periodo neosumero: abbiamo tre vestiboli che introducevano una corte centrale aperta e celle di identiche dimensioni, con un secondo vano affiancato e un corridoio che percorreva tutto il perimetro. Questa tipologia è riscontrabile nel tempio di Ningal, di Ishtar Kititium e nel santuario di Enki.

L'arte statuaria paleobabilonese non è molto documentata ma a tratti è anche frammentaria: le uniche opere in evidenza sono le statue originarie da Eshnunna che presentano una struttura piatta con richiami neosumerici. Alcuni aspetti dell'espressione iconografica – parliamo delle sopracciglia, della resa della barba, della tipologia di tiara indossata – consentono di datare la testa di sovrano paleobabilonese proveniente da Susa al XIX secolo a.C.

Questo periodo è caratterizzato dall'affermazione delle stele che richiamano sentenze giudiziarie, affiancando la tradizionale pietra che ricorda le vittorie di guerra o l'edificazione di nuovi complessi templari. All'interno del codice di Hammurabi troviamo le evidenze più grandi che ci permettono di riconoscere e analizzare lo sviluppo artistico che caratterizza il periodo paleobabilonese. L'iscrizione contiene duecentottantadue articoli di leggi che si incentrano sulla vita pubblica e privata: si trattava più di una collezione di verdetti giudiziari che di un vero e proprio codice contenente leggi.

Per quanto concerne la glittica, la differenza fondamentale col periodo precedente, il neosumerico, sta nella posizione della dea che si trova dietro al fedele, nelle sue mani che ora sono alzate e nel fedele che reca un'offerta alla divinità. Gli elementi simbolici ora sono posti sotto una lente di ingrandimento – parliamo del disco radiale racchiuso nella falce lunare, i dettagli della lunga veste dei fedeli. Le divinità più asserite sono Shamash e Ishtar.

Periodo Cassita (1595 – 1150 a.C.)

L'attività edile dei sovrani cassiti rincorre la tradizione precedente: essi, infatti, si riservano di restaurare i principali centri della Mesopotamia. Il complesso monumentale più rilevante è quello dell'area sacra di Dur Kurigalzu che alla ziqqurrat isolata aggiungevano due templi, uno dedicato alla dea Ninlil e l'altro al dio Ninurta. Questa tipologia di architettura è conosciuta solo in un edificio situato a nord-ovest dell'area, uno spazio organizzato intorno a nove settori principali riconosciuti come ambienti amministrativi, di rappresentanza e residenziali. Il palazzo si doveva trovare in un altro piano, dove erano poste le zone abitative della famiglia del sovrano.

Per quanto concerne il rilievo cassita, riconosciamo una serie di stele note con il nome *kudurru* che consentono di rintracciare aspetti artistici assai innovativi. Ora non c'è più il demone leonino, ma si asseriscono i simboli divini su dei podi sorretti dall'animale stesso legato al dio. I registri non vengono più adoperati e vengono superati da una scena principale finita da simboli che prendono significati minori, vedasi il rilievo di Nabuaplaiddina.

Periodo Neobabilonese (625 – 539 a.C.)

Il periodo neobabilonese è costellato da ristrutturazioni in campo architettonico che coinvolgono anche le mura di fortificazione della città e i complessi religiosi. Questi ultimi seguivano uno standard che vedeva una corte con parete scandita da contrafforti in ogni lato e torri di ingresso alla cella del culto, una cella assiale con tanto di podio per la statua posta in una nicchia e un corridoio che girava attorno al blocco formato da cella e antecella. Su questa base è stato edificato l'Esagila, un tempio dedicato a Marduk.

La glittica segue tematiche rituali in cui un sacerdote privo di capelli e con indosso una lunga veste si trova dinanzi all'altare e ai simboli che ci aiutano a identificare una determinata divinità.

Arte assira

La Mesopotamia e in particolar modo quella settentrionale, denominata triangolo d'Assiria, una porzione di territorio compresa tra il fiume Tigri e uno dei suoi tanti affluenti, permette di identificare linee evolutive delle proprie manifestazioni artistiche e di pensiero che possono essere suddivise sostanzialmente in tre periodi: Paleoassiro, Medioassiro e Neoassiro. Vediamo insieme come si è evoluta la storia artistica degli assiri.

Periodo Paleoassiro (1950-1750 a.C.)

Il tempio di Assur è l'unica evidenza di questo periodo riportata in campo architettonico; si tratta di un tempio orientato verso sud-est, su una corte trapezoidale. L'edificio presenta una pianta a forma di rettangolo e svariate entrate che danno sulla corte centrale, preceduta da un'avancorte.

Un'analoga influenza e adesione a tradizioni più arcaiche sembrano essere conosciute presso Tell Rimah, il centro che ha restituito un complesso monumentale religioso che trova confronti planimetrici con gli analoghi edifici sacri di Larsa e Mari. La struttura si impianta sempre su una corte centrale che si apre su un'antecella in asse con l'entrata cardinale del complesso.

Anche nell'arte del rilievo le evidenze raccolte sono purtroppo sporadiche; per di più, i pochi documenti a noi giunti sono dubbi e contraddittori. Un brandello di stele da assegnare a Shamshi-Adad I è da considerarsi uno dei rilievi più significativi nell'incerto panorama artistico dell'Assiria amorrea. L'opera rappresenta il trionfo sul re antagonista che viene atterrato con la cosiddetta *mazza del trionfatore* e l'immagine di un principe prigioniero. Sebbene la veste frangiata appartenga alla memoria settentrionale che possiamo riconoscere anche nella tradizione statuaria dei centri della Diyala, la rappresentazione della stele della vittoria richiama molto anche la tradizione meridionale.

Nonostante non si conosca esattamente l'epoca in cui il cesello è stato adoperato per la primissima volta, questo momento storico è caratterizzato proprio dal suo uso: si tratta di un piccolo scalpello che consente di lavorare materiali molto duri, come pietre e metalli. I ferri da cesello sono sostanzialmente delle aste in ferro – quelle più moderne sono in acciaio – a sezione quadrata o tonda e con la testa di diverse forme a seconda dell'uso che l'orefice ne vuole fare. Il capo opposto alla testa riceve i colpi dei martelletti che con la pressione faranno assumere diverse texture alla superficie: avremo, dunque, ferri lisci a testa tonda, altri appuntiti, altri con puntini, altri con stelline, cerchietti e fiorellini, ad esempio. È proprio grazie all'impiego del cesello unito al bulino – uno strumento che ha la funzione di tagliare il metallo – che si inizia a correggere con più agilità i minimi difetti delle statue, ultimando le parti incavate e perfezionando particolari come capigliature e motivi decorativi più in generale.

L'arte glittica del nord della Mesopotamia si può riconoscere tramite le impronte di sigilli rinvenute dal triangolo di Assiria, dai sigilli a cilindro di Assur e dalle tavolette commerciali paleoassire ritrovate in Cappadocia. Nonostante le diverse forme dei sigilli, la tematica trattata è la medesima, ossia quella della presentazione del fedele dinanzi a un sovrano divinizzato o proprio davanti a una divinità con variabili iconografiche che si replicano. Le più ampie evidenze stilistiche sono caratterizzate da un allungamento pronunciato delle figure, in una totale eliminazione del naturalismo, in un trattamento grossolano che sfocia in una stilizzazione figurativa più accentuata e, ancora, in una spigolosità delle icone che trova un confronto nella contemporanea glittica di Anshan.

Periodo Medioassiro (1360-1050 a.C.)

È con la figura di Assuruballit I che abbiamo la grande crescita del nuovo regno medioassito, è infatti lui a contenere il regno di Mitanni grazie all'uccisione del re Tushratta e all'avvicinamento di Artatama di Khurri. Il nuovo sovrano ora possiede gran parte della Meosopotamia del sud e delle coste del golfo Persico, e possiede ora i titoli di *re di Karduniash, re di Sumer e di Akkad, re di Sippar e Babilonia, re di Dilmun e Melukhkha.*

Dopo l'assassinio di Tukulti-Ninurta I (vittima di una congiura di palazzo), ci fu una certa difficoltà a salvaguardare l'autonomia politica dell'Assiria dall'ascensione babilonese di Adadshumausur e Nabucodonosor. Invece, con il re Tiglath-Pileser I l'Assiria riuscì nuovamente a riprendersi fette di territorio a nord (sconfiggendo i popoli papkhi, mushiki e kashka) e ad est (contro Musri e Meliddu). Il Re assiro successivamente riesce anche a sottomettere Kakemish (fino alla città di Arwad) dove ottiene i tributi di Biblo e Sidone. Infine verrà presa anche Babilonia, cui verrà anche incendiato il palazzo reale.

Un intenso programma di restauro ma anche di costruzione ordinato da Salmanassar I caratterizza il regno medioassiro che vedrà sorgere proprio dinanzi alla città di Assur la nuova capitale, nella parte opposta del Tigri. Il tempio di Assur è decisamente il più famoso, grazie anche al suo particolare sviluppo planimetrico a sviluppo latitudinale.

Tali aspetti strutturali e planimetrici, già conosciuti in passato mostrano forti adesioni ai modelli architettonici delle fabbriche sacre sperimentate a Larsa e Ur. Il richiamo all'architettura tradizionale è dovuto alle sue origini della Mesopotamia centro-meridionale, dalla quale era partita una tradizione architettonica ben cinque secoli prima.

Grazie al sovrano Tukulti-Ninurta I proseguono le nuove costruzioni e il restauro di molti edifici, tra cui il tempio doppio di Sin e Shamash, risalente al XV secolo a.C. L'edificio rispecchiava caratteristiche molto precise e consolidate nella ricchezza architettonica presente in Alta Mesopotamia, mostrando molte similitudini con le fabbriche medioassire e con le architetture neoassire. Il restauro e le nuove costruzioni proseguono sotto la sovranità di Tukulti-Ninurta I, specie nella ricostruzione del tempio doppio di Sin e Shamash, fondato durante i primi anni del XV secolo a.C. L'edificio seguiva canoni ben consolidati nella ricchezza architettonica presente in Alta Mesopotamia, mostrando aspetti prossimi alle contemporanee fabbriche medioassire e alle più tarde formulazioni architettoniche di epoca Neoassira. La cella perpendicolare unita all'antecella, in particolar modo, sono i due elementi che riepilogano le caratteristiche dell'imponente cultura assira che presentava un complesso scorcio a corpi aggettanti proiettati verso l'ingresso principale. A parte ciò, non è stato rinvenuto molto dell'architettura di palazzo medioassira, anzi, nonostante siano state evidenziate delle caratteristiche del palazzo di Adad-Nirari I. questo complesso palatino ha permesso di prevedere dispositivi planimetrici che avranno in seguito maggior sviluppo nelle grandi residenze dei sovrani assiri del primo millennio a.C.: lo schema che si ripeterà in alcune vatianti sarà composto dal babanu, ossia di un grande cortile esterno, e del bitanu, il cortile interno con tanto di sala del trono mediana e ingresso obliquo.

È importante notare come l'arte medioassira sia tra le prime a orientarsi verso la narrazione astratta (in una prima forma molto elementare), che sfrutta la drammaticità espressiva per rappresentare soggetti dinamici: possiamo scorgere il gusto narrativo che favorisce la riproduzione degli eventi e il loro dinamismo, ma anche la tragicità degli atti di guerra. È la prima volta che questo dinamismo affiora e rimarrà poi impresso nella memoria scultorea che caratterizzerà la successiva epoca neoassira; possiamo trovare molti esempi di questo rilievo narrativo nell'obelisco spezzato di Assurbelkala, a Ninive.

In questo periodo ci sono notevoli evoluzioni anche nel settore della glittica. In particolare, le botteghe di Assur iniziano a lavorare su nuovi stili, più formali ed eleganti e con un forte gusto naturalista. Ci si stacca quindi dall'influenza mitannica, sperimentando nuove soluzioni artistiche più libere e indipendenti.

Periodo Neoassiro (911-615 a.C.)

Con Adad-Nirari II e poi con Tukulti-Ninurta II l'Assiria diede il via a una nuova fase che pone il termine ad anni di una grave crisi che colpì l'economia e la politica del Paese. Ma fu con i governi seguenti (Assurnasirpal II, Salmanassar III, Shamshi-Adad V e Adad-Nirari III) che l'impero riuscì ad espandersi ancora più considerevolmente, fino a dominare addirittura in Egitto e sul mar Mediterraneo (ai tempi chiamato Mar Superiore).

Il sovrano Tiglath-Pileser III si impegnerà a ristrutturare il regno che formatosi, strutturando i territori occupati in province con lo scopo di svolgere un accertamento più diretto sulle zone sottomesse tramite la disarticolazione dei precedenti assetti territoriali.

Con il VII secolo il potere dell'Assiria è ormai riconosciuto in tutto il mondo: il suo dominio infatti si estende, grazie a Sennacherib, Esarhaddon e Assurbanipal, dal mar Mediterraneo fino al golfo Persico, dall'Egitto all'Anatolia. Viene quindi debellata la Babilonia e sconfitto il regno di Urartu.

Ci furono comunque altri popoli, come ad esempio i medi, che riuscirono a sfruttare i vuoti politici creando i primi presupposti per il crollo dell'Assiria. Infatti, sotto gli attacchi dei babilonesi e dei medi, caddero prima Assur (614 a.C.), poi Ninive (612 a.C.) – arresi agli attacchi di Ciassare II e Nabopolossar.

Dopo questo breve inquadramento storico, possiamo passare alla storia dell'arte di quest'ultimo periodo, il neoassiro. Per quanto concerne l'architettura, che riguarda le principali capitali del regno – parliamo di Khorsabad, Kalkhu e della già citata Ninive – abbiamo palazzi organizzati attorno a due corti principali chiamate *babanu* e *bitanu* (le ricordate?) unite da una sorta di cerniera in forma di vano, costituita dalla sala del trono sviluppata in senso longitudinale con il podio posizionato sul breve lato opposto alle scale. Le successive evoluzioni delle fabbriche palaziali sono influenzate dalle innovazioni architettoniche e dalle strutture imposte da Assurnasirpal II nel palazzo Nord-Ovest di Nimrud, luogo in cui risiede la più rivoluzionaria forma artistica dal punto di vista architettonico, più precisamente nella decorazione figurativa su lastre ortostatiche a tema venatorio, bellico e mitologico.

Il palazzo di Assurnasirpal II nel nord-ovest di Numrud, composto da otto aree palatine si estendeva per circa duecentotrenta metri e si sviluppava intorno a corti che definivano diversi quartieri con una funzione ben precisa. Un altro esempio è costituito dal palazzo Reale fatto edificare da Sargon II a Khorsabad che possedeva immensi tori alati che decoravano i monumentali portali, con tanto di iscrizioni decorative fatte di materiali pregiati come avorio, bosso, ginepro, cipresso, gelso, acero, tiglio e cedro. Con i tronchi di cedro venivano coperte le lamine di bronzo che rivestivano i battenti delle porte, mentre le lastre di calcare decoravano le mura posizionate all'interno. Il palazzo si sviluppava cinque corti in totale, tre interne e due esterne, le quali limitavano un articolato corpo che aveva evidenti richiami nel complesso dell'Ekal Masharti di Nimrud.

Dal primo spiazzo si passava subito a tre zone del complesso: partendo da ovest abbiamo l'area sacra con i templi dedicati al culto e la ziqqurrat, nella parte più a est abbiamo il quartiere amministrativo e di deposito, a nord nella zona palatina riservata al sovrano con la residenza del re e altre sale adibite alla rappresentanza. La sala del trono era grande trentasette metri e larga undici e si ergeva secondo dispositivi planimetrici adottati in precedenza nel già citato palazzo Nord-Ovest di Assurnasirpal II a Kalkhu.

Nuove sperimentazioni su una esclusiva visione dello spazio che si libera dai criteri di correlazione e simmetria conosciuti nei precedenti complessi palaziali rendono il palazzo Reale di Khorsabad uno straordinario laboratorio di linguaggio architettonico; la frontiera visiva rivoluziona il modo di progettare gli spazi che aumentano rendendosi più ampi e aperti, monumentali, meno vincolati alla regolarità geometrica.

Il palazzo posto nella parte sud occidentale di Ninive, dopo il suo ultimo ampliamento misurava ben 503 x 242 m e fu edificato da Sennacherib, che lo definisce *palazzo inimitabile*: oggigiorno, infatti, è conosciuto solo per una ridotta porzione di 200 x 190 m in quanto sia la parte meridionale che quella occidentale del complesso sono state asportate a causa dell'erosione dei pendii della collina. Sulla falsa riga della corte esterna del palazzo di Khorsabad abbiamo la sala del trono, delimitata da due zone ben distinte in quanto formate da corti adornate di contrafforti e torri. A ovest si trovavano due corti interne, entrambe con ali a triplice portale – forse la più grande novità architettonica dell'intero complesso. Il settore della parte sud ovest a vani paralleli mostra analogie con il quartiere aggettante verso l'esterno, mentre grande originalità viene sperimentata nel ripetitivo uso delle simmetrie planimetriche e degli ingressi che abbattono le strutture prospettiche a favore di una più estesa spazialità destinata ad accrescere la monumentalità dell'edificio. Le barriere architettoniche, prive dei disassamenti trasversali delle entrate, sono ora assenti, così che lo spazio risulti dilatato e la resa prospettica ancora più rivoluzionata.

Per quanto concerne la parte statuaria di questo periodo storico, abbiamo una corrente prettamente votiva e posta nella parte esterna dei santuari, conosciuta grazie a una serie di riproduzioni che appaiono tipizzate e canoniche come il sovrano ritratto in posizione eretta mentre impugna lo scettro come simbolo indiscusso della sua regalità mentre con l'altra mano regge il lungo pastorale ricurvo, senza indossare alcuna tiara sul capo ed è avvolto da un lungo vestiario cerimoniale frangiato su cui spesso e volentieri è riportata un'iscrizione. Le poche evidenze giunte fino a noi sembrano sufficienti per definire le divergenze di tratto e stilistiche nelle successive esperienze conosciute a Khorsabad e Ninive.

L'elevato livello raggiunto tramite le pose plastiche, le finiture e il modellato è riscontrabile nelle dieci statue recuperate a Khorsabad che sembrano svincolarsi completamente dal volume piatto e chiuso e dallo stile più pesante – se così ci possiamo permettere di definirlo – che possiamo notare nelle statue di Salmanassar III e di Assurnasirpal II. Persino la testa non finita di Ninive appare più similare alle divinità protettrici di Khorsabad per via della loro forma e del loro volume, piuttosto che alla schematicità della statuaria precedente.

La grande trasformazione che vediamo nel ciclo parietale di Sennacherib riguarda il fatto che in ogni sala troviamo la rappresentazione di un singolo ed unico evento, prodotto in maniera accurata e precisa: guerra, assedio, battaglie, presa della città e persino la deportazione dei carcerati. Il programma figurativo di Sennacherib, situato nel palazzo Nord di Ninive, recupera l'ambiente naturale, indicato in precedenza solo in maniera allusiva, simbolica e completamente schematica. Ora viene data molta più importanza al contesto ambientale, che viene rappresentato con molta più attenzione nei dettagli e cura nei particolari.

L'asprezza degli episodi di guerra inediti è comprovata dai rilievi del palazzo di Ninive, che sono caratterizzati anche dalla diversificazione dei particolari che ne aumentano a dismisura la drammaticità. Gli episodi di caccia, spesso raffigurati sui complessi scultorei, avevano il compito di rappresentare il re come forza dominatrice del caos, come da tradizione che vedeva il sovrano come responsabile dell'ordine cosmico e garante del volere di dio. Un po' come erano visti i faraoni in Egitto, gli intermediari delle divinità e i garanti dell'ordine universale. Nella realizzazione delle nuove opere a tema caccia, le officine di Assurbanipal cambiano il modo di vedere lo spazio rispetto ai rilievi di Sennacherib: infatti ora non vengono più seguiti i canoni naturalistici in modo preciso, ma, anzi, adesso gli spazi non hanno più nessun riferimento paesaggistico. in cui la narrazione è messa in secondo piano rispetto alle imprese di caccia del re, considerate addirittura epiche.

Le tecniche pittoriche dell'epoca neoassira sono rinvenute negli edifici del Palatino e poco spesso nei luoghi di culto; parliamo di pittura a secco, di pittura invetriata su lastre in argilla ma anche di mattoni dipinti, spesso anche a rilievo su una sola delle facce. È molto probabile che nella parte superiore delle pareti che ospitavano i rilievi vi erano pitture che integravano i rilievi stessi, aumentando così le celebrazioni al sovrano. Le testimonianze migliori di questo tipo di pitture le troviamo nel palazzo di Till Barsip, in Siria: molto probabilmente queste pitture che ancora oggi sopravvivono furono eseguite dal governatore *turtanu* Shanshi-Ilu, che fu astuto e abile ad approfittare del vuoto politico creatosi tra la morte di Adad-Nirari III e la salita al potere di Tiglath-Pileser III.

Un ciclo pittorico che doveva aver avuto una grande espansione, in quanto nel palazzo reale sono state ritrovate tracce di pittura ben conservate con raffigurazioni nei colori nero, rosso e blu che rappresentavano Sargon II, il figlio Sennacherib e il dio Assur con una tiara tronco conica nell'atto di ricevere i doni presentati da Sargon II e dal figlio che porta con sé i simboli associati al grande dio del sole. Questa scena è raffigurata in un fregio ispirato a delle forme influenzate alle stele in pietra dei sovrani neoassiri. Pare che il ciclo pittorico di Sargon II segua in maniera molto precisa i principi imposti dal sovrano per la realizzazione degli ornamenti scultorei: la rappresentazione esprime in buona sostanza il concetto di solennità e di serenità, seguendo uno stile sprovvisto di qualsiasi enfasi che vuole interpretare un nuovo ideale della concezione dell'impero stesso.

La stessa complementarità si scorge con il ciclo di pittura di Till Barsip del 2000, pitture in cui si possono individuare delle esecuzioni che avrebbero dovuto rappresentare copie dei rilievi di caccia della sala C del palazzo Nord di Ninive. Molto probabilmente, il programma di propaganda attuato dai sovrani di Assiria includeva uno sforzo capillare e attento sui cicli pittorici sugli arazzi e anche sui palazzi; gli arazzi, in particolare, rappresentavano sì un mero elemento decorativo all'interno degli edifici del sovrano, ma avevano anche lo scopo di riprodurre ideologie e iconografie sulla moralità del re e sulle sue virtù.

Durante il periodo Neoassiro assistiamo alla sostituzione del sigillo a cilindro con quello a stampo, che diventa quindi lo strumento più utilizzato per praticare sigillature, soprattutto nel VII secolo. In questo periodo variano anche leggermente le tematiche, che sono legate soprattutto a scene mitologiche (lotta con arcieri, eroi, scontri tra demoni, divinità ecc…) e indirizzate a divinità specifiche.

Lo stile di questi nuovi sigilli è plastico, e consiste in un modellato su cui si inserisce l'incisione attraverso l'utilizzo di un trapano o un bulino. Possiamo ricondurre questa serie al periodo di Salmanassar III, dove ci furono nuove sperimentazioni babilonesi e sviluppi di nuovi canoni estetici. Un numero di sigilli è meno accurato e più schematico, più piatto e sommario è ritenuto l'eredità delle più tarde fasi del periodo Medioassiro, con una grande diffusione in tutto il IX secolo a.C. per poi divenire quasi completamente rari nel VIII secolo a.C. Categoria a parte sono i cilindri in pasta vitrea, in cui sono presenti diversi standard tematici: sono infatti ricorrenti scene di caccia come ad esempio quella di un arciere contro un animale o un essere di fantasia; la loro diffusione è circoscritta al IX e VIII secolo a.C.

Durante il VII secolo, il sigillo a stampo si afferma definitivamente anche in tutte quelle raffigurazioni storicamente tipiche del sigillo cilindrico.

CAPITOLO 3

ARTE GRECA

Gli albori dell'arte greca si collocano attorno all'anno 1000 a.C. con il passaggio dall'età del bronzo a quella del ferro, anche se è davvero difficile stabilire una data di inizio, ma soprattutto una data di fine dell'arte greca. Potrebbe essere il II secolo a.C., quando gli stati ellenistici verranno assorbiti via via dall'Impero Romano, con il crollo dell'impero o, ancora, con l'adozione del monoteismo cristiano. Un altro problema potrebbe essere cercare l'arte greca solo nella Grecia che conosciamo anche noi. Tutti questi problemi di definizione non possono certo essere risolti con un colpo di bacchetta, in quanto derivano da una caratteristica fondamentale dell'arte greca: la sua vastità di forme e soggetti che variano in base al luogo, al momento storico e alla funzione delle opere. Presentare l'arte greca significa mettere in evidenza la varietà formale e dinamica, tenendo conto del contesto culturale e senza porre troppi limiti rigidi.

A partire da questa, se vogliamo, confusa fase dell'arte greca, gli studiosi hanno proposto tre suddivisioni prima di giungere alla Grecia Arcaica: parliamo dell'età protogeometrica, dell'età geometrica e dell'età dedalico orientalizzante. Analizziamo brevemente questi tre periodi e poi passiamo allo sviluppo della storia dell'arte greca con il periodo arcaico, classico e poi ellenistico.

Età protogeometrica (1050 – 900 a.C.)

L'autonomia figurativa greca è correlata allo studio delle decorazioni presenti sulla ceramica ritrovata in Grecia e poi esportata a Ciprio, in Palestina e in Siria. La nostra fonte principale sulla conoscenza della ceramica protogeometrica sono i corredi rinvenuti nelle necropoli del Ceramico di Atene; parliamo di vasi lavorati al tornio e ricoperti da una vernice che la cottura rende molto scura, per non dire nera. Le forme principali sono atte a contenere liquidi come accade per le anfore, oppure a mescolare il vino con l'acqua con i crateri, a mescere il vino con i oinochoai, a consumarlo con i skyphoi o, ancora, per raccogliere liquidi con gli hydriai. Questi vasi sono solidi e robusti, con un largo piede che assicura la stabilità.

I resti di edifici sono davvero scarsi a causa della forte dispersione del popolo molto probabilmente, ed è difficile interpretare le tracce rimaste nelle strutture monocellulari di forma ovale.

Età geometrica (900 – 700 a.C.)

Attorno alla fine del X secolo a.C. la Grecia riesce ad emergere dall'isolamento culturale ed economico che ha caratterizzato i mesi precedenti. Il commercio si riattiva verso l'oriente e le suppellettili rinvenute nelle necropoli di Atene – parliamo di collane in avorio, oro, materiali grezzi – dimostrano l'inizio di una nuova fase culturale ed economica, che vede anche la differenziazione degli strati sociali.

Non è la quantità degli oggetti ritrovati a definire questa differenza, ma la loro qualità: nelle pendici dell'Areopago sono stati rinvenuti trentaquattro vasi dipinti, gioiellerie e un modello di granaio che enunciavano l'alta posizione sociale ricoperta dalla tomba femminile ritrovata.

All'interno dei maggiori santuari ellenici si intensifica la presenza dei bronzi, piccoli oggetti realizzati a fusione piena che rappresentano i soggetti più svariati, dagli animali come tori, uccelli e cavalli ai suonatori, agli artigiani fino ad arrivare ai guerrieri. Proprio in questi ultimi possiamo notare la forte dinamicità e organicità dei volti, nonostante la forma geometrica.

Si intensifica anche l'offerta dei tripodi bronzei all'interno dei santuari, premi ambiti nelle gare olimpiche che hanno in evidenza le sole parti portanti come gambe, braccia e manici, mentre il centro è sempre liscio.

Età orientalizzante (700 – 610 a.C.)

Durante questo arco temporale le popolazioni elleniche assimilano i motivi e i decori orientali, molto probabilmente a causa degli scambi commerciali sempre più frequenti; gli oggetti importati erano gioielli come avori, tessuti e bronzi, ma anche materiale esotico come conchiglie decorate e uova di struzzo dipinte. L'oriente influenza ogni aspetto culturale della Grecia: leggende orientali vengono tradotte nella mitologia greca come accade nella figura di Pegaso, della Medusa, della Chimera, di grifi, centauri e sirene.

La Grecia Arcaica

Il nostro punto di partenza corrisponderà al 610 a.C., in quanto da quel momento in poi si delineò una nuova civiltà ben diversa da quelle circostanti. A differenza della Mesopotamia, dell'Egitto e dell'Anatolia, la Grecia è formata da tantissime entità regionali separate che danno verso il mare più che verso l'interno. Questa frantumazione ha favorito la costituzione di un linguaggio artistico variegato anche se affine, ricco di competizione e di stimoli per la creazione di opere sempre nuove. Oltre alla lingua e all'espressione artistica, i greci avevano in comune l'immagine delle proprie divinità tramandata dai poemi omerici e, infatti, da questo punto in comune nacquero i centri culturali di Delfi e di Olimpia.

Questo grande paradosso – la cultura profondamente frazionata e al tempo stesso unita – scaturisce dal fatto che i greci erano consci di vivere in un territorio che un tempo era occupato da personaggi storici che ancora vivevano nell'Iliade, nell'Odissea, ma anche nelle rovine sparse qua e là nel paesaggio. Parliamo della civiltà micenea, una popolazione di eroi antenati, protagonisti dei racconti mitologici: dare corpo a questa patria è stato il movente principale che ha mosso la creatività artistica nelle arti figurative e in letteratura.

Con la scomparsa dei centri di potere micenei e lo spopolamento dell'entroterra per prediligere gli insediamenti lungo le coste, in Grecia avviene una vera e propria crisi culturale. Il ferro inizia a sostituire il bronzo per fabbricare armi e arnesi vari, ma le testimonianze giunte fino a noi sono davvero poche: parliamo di oggetti in terracotta, vasi principalmente, che verranno decorati con un nuovo stile chiamato geometrico. Tale decorazione era costituita da motivi circolari o rettilinei non figurativi ed era scandita da zone chiare e scure. In questa fase della storia greca, il tempio è una forma architettonica ben distinta, costituita da un vano longitudinale circondato da colonne, l'emblema dell'architettura greca.

Sebbene l'arte sembri occupare un minimo spazio all'interno della realtà vissuta, possiamo dire che essa fosse profondamente presente nell'immaginazione: la cantano i bardi nei poemi omerici che tramandano le imprese eroiche come la tela di Penelope, le armi di Achille, il palazzo di Menelao... una figura emblematica è quella di Efesto, il figlio malvoluto di Era per una malformazione al piede. Nonostante il suo problema fisico, egli era il dio del fuoco, pertanto nessuno – né dèi né uomini – sarebbe potuto sopravvivere senza di lui; infatti, gli ateniesi ne riconobbero l'importanza e lo onorarono con un tempio e un culto proprio al centro della città, insieme alla patrona della *polis*, Athena. Era risaputo che senza la *polis* l'intera umanità non sarebbe sopravvissuta, in quanto sarebbero mancati il lavoro e la creatività degli artisti. La *polis*, infatti, era la comunità autodefinita, il nucleo dell'organizzazione tradizionale con la capacità di far coesistere più famiglie pari in un'unica comunità. D'ora in poi, una costante della storia greca sarà la *tensione fra due forze politiche antagoniste:* da una parte la polis, e dall'altra gli individui emergenti. La nascita della polis si manifesta nella crescita delle agorà e delle acropoli, ma anche delle fortificazioni sempre più numerose a causa della mancanza di terreno coltivabile, motivo di conflitto tra le comunità vicine. Questa nuova situazione si riflette nei santuari fra i quali Olimpia e Heraion di Samo che ispirò vari artisti a rendere vivi e unici oggetti d'uso, inserendovi ornamenti e figure.

L'espressione più autentica dell'arte greca si trova nei doni votivi che dalla seconda metà del VII secolo a.C. assunsero forme statuarie e monumentali in marmo che rappresentavano testimonianze eterne di un'orgogliosa pietà religiosa. L'isola-stato di Nasso, ad esempio, dedicò a Delo una statua alta nove metri a rappresentazione del dio Apollo; la città di Argo fece costruire un gruppo scultoreo dei fratelli Cleobi e Bitone che avevano trainato la madre Cidippe a bordo di un carro fino a un santuario di Era. Tutte queste opere si sono conservate solo perché vennero sepolte in epoca remota e possiamo solo immaginare quante altre sono andate ormai perdute. I doni votivi privati, invece, sono più frequenti e rappresentano giovani secondo uno schema fisso: il corpo nudo, le braccia abbassate, il piede destro avanzato, le mani chiuse a pugno appoggiate alle cosce. Le figure maschili erano spesso votive a Poseidone o ad Apollo ed erano nominate *kouroi*, mentre al femminile abbiamo le *korai*, statue di belle ragazze riccamente vestite, con il piede sinistro avanzato e realizzate in onore di Athena. Gli indumenti sono l'elemento chiave per comprendere l'immagine sociale della donna e nel periodo tardo-arcaico le figure delle statue indosseranno abiti a più strati drappeggiati, riccamente raccolti e in parte ben aderenti alla pelle. L'eleganza della postura è accentuata dall'orlo dell'abito leggermente sollevato e i volti sono incorniciati da capelli che ricadono in ciocche ondulate, per sottolineare la sensualità della donna.

Nonostante la rilevanza ricoperta nel periodo arcaico, non è così semplice individuare e definire il significato di *kouroi* e *korai*: quel che sappiamo per certo è che si tratta di raffigurazioni di corpi giovani e non di immagine idealizzate. Queste statue venivano collocate nei santuari in qualità di miglior dono per la divinità, in quanto erano semplicemente la rappresentazione della nuova generazione in cui la polis riponeva le proprie speranze. Un'altra funzione dei *kouroi* e delle *korai* fu quella di essere delle statue sepolcrali, prive di segni e raffigurate in tutto il loro splendore atletico nel caso dei ragazzi o nella loro giovane amabilità per le ragazze, con sorrisi avvincenti determinati. Per mezzo di semplici immagini iconografiche vengono prospettati gli ideali dell'aristocrazia, ossia la bellezza virile, quella muliebre, il guerriero, l'atleta... e la qualità dal punto di vista artistico è sempre notevole. Vengono tramutati in immagini soprattutto coloro che sono morti giovani o lontani da casa: nelle iscrizioni tombali, infatti, non è raro notare epigrammi che compiangono il fato avverso che ha colpito queste persone. *"Guarda il monumento di Cleoitas e lamenta: quant'era bello, eppure ha dovuto morire"*. Qui non vi è alcun pensiero rivolto al mondo dell'oltretomba, ma si tratta semplicemente di un rammarico per la perdita della vita terrena.

Alla medesima sfera fra il privato e il pubblico appartiene anche la *ceramica figurata* di destinazione funeraria ma anche decorativa[2] che abbandona lo stile geometrico per abbracciare gli eventi mitologici, almeno ad Atene. A Corinto, invece, i produttori di ceramica si specializzarono in una decorazione fine e minuscola, in quanto le ceramiche erano destinate a contenere profumi pregiati da esportare in mercati lontani. Questa divergenza nel gusto e nella funzione riflette appieno il policentrismo culturale che la Grecia si trascinava dietro dall'età geometrica. La ceramica di pregio veniva offerta nei santuari e collocata sopra le tombe (o dentro) e nonostante si trattasse prevalentemente di una funzione pubblica, una ristretta cerchia di persone, parliamo degli aristocratici chiaramente, poteva accedere a questa tipologia di arte per poterla mostrare anche tra le mura di casa. I recipienti dipinti determinano la componente più nota della

---

[2] Nella vita sociale della prima polis, infatti, una casa riccamente arredata di mobili, utensili e recipienti preziosi – per non parlare di gioielli e indumenti di qualità – attestavano pregio e benessere.

gran varietà di soprammobili in uso nelle occorrenze più importanti della vita sociale, quali le feste religiose della città o i simposi che radunavano le compagnie di uomini. Questi oggetti non avevano il medesimo valore di altri realizzati con materiali meno resistenti, ma la decorazione dipinta in un certo senso li elevava al di sopra della ceramica di uso quotidiano. La ceramica divenne così uno dei motori della prosperità ateniese, aumentando in numero e in qualità decennio dopo decennio ed espandendosi fino alla lontana Etruria. Le ceramiche decorate con eventi mitologici hanno subito un'evoluzione nel corso del tempo: all'inizio le figure venivano dipinte sul fondo chiaro dell'argilla delle sagome nere arricchite solo in parte del colore bianco e rosso, per poi incidere i dettagli. L'obiettivo era quello di riprodurre i corpi senza creare stacchi su superfici coerenti. Questa tecnica ad un certo punto non bastò più a colmare le esigenze di una riproduzione sempre più particolareggiata; pertanto, verso il 530 a.C. si invertì il modo di dipingere: lo sfondo era completamente nero e le figure venivano lasciate nel colore chiaro dell'argilla, così da poterne dipingere i dettagli con minuscoli pennelli di setole. Il rosso e il nero non sono materiali diversi, bensì si tratta della stessa argilla depurata in diversi gradi – un processo che richiede una gran dote pratica prima di quella estetica. I greci, infatti, apprezzavano tantissimo il saper fare, la *techne* degli artisti.

Lo sviluppo successivo che terminerà con la fine del periodo arcaico fu caratterizzato da una ricerca di forme sempre più naturali e meno stilizzate. Lo sguardo era rivolto all'osservazione dei dettagli, delle articolazioni, dei muscoli, dei capelli, anche se gli schemi delle figure come *kouroi* e *korai* era sempre costante. L'innovazione non fu quindi radicale, ma il miglioramento era volto alla realizzazione dei modelli dati, un passaggio graduale verso la scultura di grande formato che riconduce inevitabilmente a Dedalo, l'unico artista dalle qualità mitiche. Egli era stato il grande inventore per definizione, in senso assoluto, di tutta l'arte figurativa – si diceva che le sue opere potessero parlare e camminare, al punto da dover essere incatenate. Tutti gli artisti di cui abbiamo notizie storiche, invece, rimasero nei limiti umani e svilupparono una mentalità diversa: essi erano consapevoli sia delle proprie capacità ma anche del grande aiuto dato da Efesto e da Atena che donarono agli artigiani e a tutti i creatori la loro arte. Proprio con questa consapevolezza, gli artisti riuscirono ad ottenere un certo riconoscimento sociale, anche se non potevano ambire a una vita aristocratica – in fondo restavano dei semplici artigiani che lavoravano con le loro braccia. In quell'epoca, la creatività non era ancora percepita come un valore capace di oltrepassare determinate barriere sociali.

La Grecia Classica

I secoli che seguirono il 500 a.C. fino ad Alessandro Magno rientrano nel *periodo classico* della Grecia, con le tragedie di Sofocle, Euripide, le commedie di Aristofane, la filosofia di Socrate, Aristotele e Platone che portarono la Grecia a collocare l'uomo al centro del mondo in un modo completamente innovativo. Le forme bidimensionali vengono superate per accogliere la terza dimensione, fatta di volumi e di profondità che possiamo riscontrare nei frontoni del tempio dorico dell'Afaia a Egina: in quello orientale la composizione è più avvolgente e rende più autentico ogni gesto dei duellanti, mentre in quello occidentale che rappresentava la stessa composizione ma con lo stile arcaico si nota la plasticità dei gesti dei guerrieri. Tra le figure in moto spicca in particolar modo quella di Nike, la dea alata della vittoria e della competizione che, a differenza di quella offerta a Delo intorno al 560 a.C., sembra volare. *Come si poteva dare movimento a una statua?* Poco prima che i Persiani distruggessero l'acropoli, uno scultore riuscì a distinguersi per aver realizzato un giovane nudo diverso da tutti gli altri creati in precedenza: il peso del corpo è spostato sulla gamba sinistra, quella destra, sgravata dal peso, risulta leggermente piegata e, di conseguenza, il fianco della gamba portante sporge di più, inclinando il bacino e facendo contrarre il fianco sinistro. Il braccio sinistro, disteso lungo il fianco, pende dalla spalla leggermente arretrata rispetto alla destra che è protesa in avanti, forse perché il personaggio teneva in mano una scodella per le offerte sacrificali. La statua somiglia molto a quelle dei tirannicidi ed è assegnata allo scultore Kritios, ma il suo creatore è tutt'ora incerto. L'unica certezza è che questo modello di scultura si impose in tutta la Grecia, semplicemente per un significato molto chiaro: *l'uomo è concepito in modo nuovo, in qualità di essere capace di reggersi e di muoversi con le proprie forze.*

Le nuove conoscenze degli scultori si riflettono in modo analogo nella ceramica figurata che, oramai, diventa quasi completamente di produzione ateniese. I progressi dei decoratori nel rendere l'anatomia e l'interazione delle figure consente di situare i vasi in una sequenza evolutiva legata indissolubilmente alle fasi della storia greca. La tecnica del disegno non era affatto meno elaborata rispetto alla lavorazione dell'argilla e alla cottura dei vasi: se le superfici nere e i contorni spessi venivano eseguiti con semplici pennelli, le linee a rilievo venivano incise con una tecnica più da grafico che da disegnatore.

Tutte queste acquisizioni tecniche avvennero attorno al VI secolo e non si sarebbero realizzate senza l'emancipazione intellettuale e l'autoconsapevolezza politica della comunità: la democrazia pose le fondamenta per creare delle condizioni nuove per le funzioni dell'arte figurativa, in quanto i progetti pubblici dovettero rientrare nelle severe valutazioni dell'assemblea popolare e anche le sculture private dovettero seguire delle norme dettate dall'uguaglianza, portando al regresso dei monumenti funerari.

Il tempo presente venne portato in primo piano, una situazione che per i greci era nuova, in quanto vivevano per il passato mitico – il presente era apparso mancante di eroi di rilevanza storica, evidentemente. Solo nel V secolo le forme letterarie e artistiche posero la loro attenzione su personaggi contemporanei, tramite monumenti pubblici dedicati a imprese politiche, statue che onoravano persone meritevoli e tragedie che portavano sulla scena temi attuali. La scoperta della storia è riferita al presente: il proprio tempo acquistò una pari rilevanza a quella della preistoria mitica.

Il cambiamento fondamentale intervenuto nella struttura trovò la sua massima manifestazione in una nuova specie di monumenti politici. Infatti, attorno al 500 a.C., i cittadini eressero un monumento simbolo della democrazia proprio all'interno dell'Agorà. Quando i persiani distrussero edifici e sculture durante la conquista di Atene, si impossessarono di questo monumento dedicato alla coppia di amici Aristogitone e Armodio, pensando di fare un torto agli ateniesi i quali, solo un anno più tardi, riuscirono a riconquistare la loro città. Scacciando i tiranni, gli ateniesi decisero di lasciare i santuari in rovina così che fungessero monito e costruirono un nuovo monumento ai tirannicidi che sostituiva il precedente e, così, riacquisirono la propria identità. Questa nuova opera fu eseguita dagli scultori Kristios e Nesiotes e presenta i due amici come i protagonisti ideali della comunità cittadina: i due stanno per lanciarsi all'attacco contro un antagonista che non viene rappresentato. Non è l'episodio in sé che viene raccontato, ma è proprio il concetto di impegnarsi e di rendersi disponibili per la collettività. Essendo una persona anziana e una più giovane, i tirannicidi incarnano alla perfezione le due generazioni che costituiscono la forza della comunità e la correlazione omoerotica evidenzia i legami che la tengono unita. I due sono un vero e proprio modello di solidarietà considerata una delle principali virtù del cittadino. L'energia è conferita dal movimento dei due corpi, con il loro passo allungato e l'arma sollevata pronta a colpire.

Le statue di grande formato erano una novità unica nel suo genere in quanto erano state relegate a scopi religiosi o, almeno, fino a quel momento. Il fatto di erigere nel pieno centro della città un monumento commemorativo senza alcuna funzione religiosa fu il segno dell'inizio di una nuova epoca. La piazza principale della città, *l'agorà*, divenne così uno spazio politico: Aristogitone e Armodio partecipavano all'assemblea popolare fungendo da modello di ogni decisione politica, poiché ogni cittadino doveva diventare un potenziale tirannicida, per evitare l'incursione di nuovi tiranni.

Sempre nell'agorà fu costruito un portico dipinto, abilmente decorato con le imprese degli ateniesi contro le amazzoni e la conquista di Troia con tanto di eroi ateniesi, ma anche fatti più attuali come la recente battaglia contro Sparta e la battaglia di Maratona. In questo modo, il presente si accosta perfettamente al mito che divenne di nuovo attuale.

I templi erano legati alle condizioni storiche della loro epoca quali conflitti fra città-stato, sistemi di alleanze e guerre persiane e ciò era evidente negli adornamenti scolpiti su timpani, fregi e metope. Considerarli monumenti politici, specie il Partenone di Atene di cui parleremo tra poco, è una mera semplificazione in quanto i templi erano in primo luogo costruzioni religiose. Anche la lotta contro i persiani era stata qualcosa che andava oltre di una lotta per il potere: il conflitto aveva dato origine a una nuova visione del mondo, di ciò che era giusto e ingiusto, dell'ordine e del disordine. La direzione superava l'occasione politica e l'ideologia dello Stato che, comunque, era strettamente connesso alla religione. I progetti iconografici dei templi non sono manifesti politici ma delle reazioni religiose a esperienze politiche.

In seguito alla vittoria sui persiani, gli abitanti del Peloponneso innalzarono un nuovo tempio nel santuario di Zeus a Olimpia, un luogo in cui i rappresentanti di molte città si riunivano nello spirito dell'identità greca. Sul timpano posteriore possiamo notare la violenza della lotta tra Lapiti e Centauri che si erano lanciati addosso alle fanciulle e ai giovanotti mentre partecipavano a una festa. Apollo è la figura che afferma l'ospitalità e la forza religiosa: si trova al centro della scena con il braccio proteso per fermare gli empi. Ma egli non è l'unica figura che possiamo riconoscere, in quanto abbiamo anche gli eroi Teseo e Piritoo che eseguono gli ordini del dio. la centauromachia è la metafora della pericolosa antitesi tra guerra civile e mondo selvatico e spettava agli dèi il compito di imporre l'ordine per fermare l'oltraggio, un tema attuale specialmente durante la guerra contro i persiani. La scelta di raffigurare un episodio della storia di Teseo, l'eroe fondatore di Atene ed emblema della democrazia, fu un omaggio alla città. L'altro frontone, più calmo e ordinato, vede Zeus come fulcro della decorazione: egli fa da arbitro fra due contendenti che stanno per intraprendere la prima corsa ai carri. Da una parte abbiamo Pelope che diventerà il re del Peloponneso e dall'altra Enomao, il re di Pisa.

I due frontoni hanno in comune la contrapposizione fra misura e ordine da una parte, disordine e caos dall'altro: una tematica ricorrente in Eschilo nelle sue tragedie. Le metope rappresentate sono dodici come le fatiche di Ercole, patrono del Peloponneso e figlio di Zeus. In alcune di queste imprese, come è risaputo, fu proprio Atena ad aiutare l'eroe ed è forse un indizio ulteriore dell'orientamento peloponnesiaco, ateniese e panellenico della decorazione – lo stile delle sculture è difficilmente localizzabile, seppure siano indiscutibili la qualità e l'unità stilistica.

Perché le decorazioni del tempio di Zeus a Olimpia si riferiscono ai fatti mitologici e non a episodi reali? Verrebbe da chiedersi, a questo punto. Il pensiero razionale e l'immaginazione erano complementari per i greci, e non incompatibili come potremmo pensare noi che viviamo nella modernità. È vero che i fatti della mitologia si svolgono in un passato ben superato, ma è anche vero che non smettono mai di condizionare la situazione attuale. I miti non sono invenzioni, ma contengono la verità della poesia e raccontarli a voce o tramite immagini significa giustificare le realtà del presente. L'intervento divino ribadisce la validità dei principi base per la convivenza e chi visitava il tempio di Zeus in passato si sentiva rassicurato. Questa interazione tra opera d'arte e spettatore ha funzionato anche con monumenti meno conservati e ben più antichi, come quelli dell'acropoli di Atene, di Egina, di Selinunte, ad esempio.

L'offerta di opere d'arte, di bronzi e di singole statue era un modo per sdebitarsi con gli dèi e con la comunità, in quanto la società era basata sul concetto che la legge è uguale per tutti e chi possedeva di più era anche tenuto a spendere di più per la polis, nonostante il vantaggio economico si trasformasse così in fama: un paradosso tipico della mentalità greca.

Il programma iconografico più complesso del tempio greco è quello che orna il Partenone collocato proprio nel cuore dell'acropoli di Atene. Il monumento più emblematico della storia dell'arte greca, nonché il più maestoso, è stato costruito trent'anni dopo la vittoria sui persiani ed è improntato sul patriottismo della città. Sopra l'ingresso il timpano rappresenta la nascita di Atena dal capo di Zeus, un fatto che attesta la grande ambizione della città che già rivendicava le origini del suo nome. La presenza di altre deità eleva la loro apparizione: parliamo di Afrodite sensualmente fasciata dalle vesti, Athena sull'altro timpano che domina sul dio del mare Poseidone nella lotta per il predominio su Atene. La città stessa si palesa nel fregio che adorna le pareti della cella con la grande processione per la festa di Athena. A est il tema principale è la gigantomachia, la lotta degli dèi olimpici contro i giganti che avevano minacciato di sovvertire l'ordine; a ovest vi sono gli ateniesi mentre difendono l'acropoli dalle amazzoni; a sud abbiamo la centauromachia, il tentativo di sovversione al tempo degli eroi. Infine, a nord, viene evocata la guerra di Troia. Solo chi si spinge fin sotto al colonnato, riesce a scorgere il fregio che sovrasta la cella formato da un corteo che si districa tutto attorno al rito principale con le grandi divinità – in tutto dodici – circondate dagli eroi delle tribù in cui era divisa la popolazione, le dieci phylaì. Coloro che partecipano privi di natura divina compaiono con animali da sacrificare, pochi uomini anziani con funzioni pubbliche e giovanotti a cavallo. Questi ideali erano chiari: la democrazia non sviluppò e non affermò una propria ideologia dei ceti inferiori, cercando di estendere l'autorappresentazione del ceto superiore a parti più ampie del popolo. Nella cella sorgeva la statua di Athena, una giovane donna con il vello di capra e la maschera della Gorgone sul petto, una statuetta di Nike nella mano destra e la sinistra appoggiata allo scudo istoriato al cui interno si snoda un serpente. Nonostante sia in grado di farlo, questa Athena non sta combattendo, a differenza della Athena Promachos.

Il progetto del Partenone fu realizzato a spese dei tributi versati dagli alleati, approfittando di questo dissanguamento economico per reclutare i migliori scultori delle altre città. Il modo di decorare le costruzioni era una complicazione, in quanto gli ornamenti non erano ben visibili dall'alto dei fregi e dei frontoni; dal IV secolo a.C., l'arte greca cercò di rafforzare l'effetto immediato delle opere figurative, dimenticando pian piano le tradizionali forme di decorazione dell'architettura.

Fidia sarà un nome che rimarrà per sempre legato al Partenone, ma gli vennero attribuite anche altre opere, tra cui la statua criso-elefantina di Zeus a Olimpia, fatta cioè di oro e avorio come l'Atena Parthenos o *vergine Atena*[3], l'Atena di Lemnia

---

[3] Si tratta di una figura alta dodici metri plasmata dei materiali più preziosi che i greci avevano a disposizione: le vesti erano ricoperte d'oro e tutto il resto era in avorio. Inoltre, Athena indossava una ricca armatura fatta di

esaltata come la più bella Atena di Fidia; fra i suoi predecessori ricordiamo l'autore del Discobolo, Mirone, e gli autori ignoti dei guerrieri di Riace. Questi ultimi sono sfuggiti a una strage che avrebbe colpito tutte le statue in bronzo dell'antichità. Tutti questi autori mettono in evidenza la *nudità maschile* un fenomeno tipico dell'arte greca che mette in risalto la divergenza con la nostra cultura. Una figura nuda non è semplicemente svestita, ma presenta l'essenza di sé, il suo stato sociale, la sua età, le sue qualità morali e fisiche. Ai tempi della Grecia, infatti, corpo e anima non erano entità che potevano essere distinte, anzi, il corpo intero doveva esprimere il volere della persona e gli ornamenti, le armi, gli abiti servivano solo ad esprimere il messaggio del corpo. Essendo il corpo nudo, incide anche la componente sessuale, anche quella fine a sé stessa, che era vista come qualcosa di positivo e di accettato come parte integrante della vita – le limitazioni sulla sessualità venivano imposte alle donne per garantire la legittimità dei figli. Anche se il corpo maschile rappresentava il corpo umano in linea generale, vi era una netta distinzione con quello femminile che poteva appartenere alla sfera di Afrodite oppure alle vittime di violenza. L'attrattiva erotica viene vista più nei corpi fasciati da abiti trasparenti come possiamo vedere nelle figure di Nike di età classica, rispetto ai nudi.

Un altro nome rinomato di quest'epoca è Policleto con i suoi atleti, un ambito essenziale per la cultura greca che tuttavia divenne oggetto di rappresentazioni di grande formato solo più avanti. I *kouroi* sono sì improntati sull'ideale dell'allenamento atletico, ma la loro carica non aveva nulla a che vedere con que-

---

elmo, lancia e scudo (il cui interno era cesellato con le immagini della gigantomachia mentre la facciata esterna era ricca di immagini della lotta contro le amazzoni) a simboleggiare la sua forza militare, Nike retta sulla mano era portatrice di vittoria nonché personificazione del successo.

sto ambito; solo nel V secolo queste sculture divennero un genere a sé stante, normato da leggi tutte sue. Le statue degli atleti, infatti, venivano poste come doni votivi nei santuari, luogo in cui esprimevano tutta la loro gratitudine per la vittoria e il successo conseguito. Il movimento era immortalato in modo rivoluzionario come possiamo notare nel discobolo di Mirone che riuscì a riassumere le forze esplosive del corpo – i legamenti inguinali, la tensione e la torsione del corpo, i muscoli dell'addome, delle spalle, del petto, i tendini del collo – in due movimenti contrari: il corpo proteso in avanti insieme a un piede, mentre le braccia e la testa si trovano bilanciati all'indietro, pronte a conquistare lo slancio. Il corpo si solleverà di scatto mentre il braccio starà per scagliare il disco con forza. Ma, come abbiamo accennato, fu Policleto ad eccellere nella creazione di atleti in quanto gli furono commissionate delle opere destinate a Olimpia e ad altri santuari. Il suo Doriforo divenne famoso fin da subito, il *portatore di lancia*, l'eroe che incarna l'ideale atletico per eccellenza con l'estremizzazione della figura ponderata. Nella scultura, tutto avviene nel corpo e nelle sue energie: la gamba sgravata dal peso si appoggia a terra leggermente con la punta del piede, senza poggiare con tutta la pianta, in modo tale che il peso risulti completamente spostato sull'altra gamba. La posizione è così inclinata che deve essere compensata da una flessione ancora più valorizzata del corpo; inoltre, le membra attive e passive sono in relazione incrociata fra loro: alla gamba portante, quella destra, corrisponde il braccio sinistro che regge il giavellotto, mentre il braccio passivo è quello destro e corrisponde alla gamba sgravata dal peso del corpo, la sinistra. Questi principi sono seguiti nei minimi dettagli, anche i riccioli dei capelli si distengono e si ricompongono formando meravigliose tensioni che creano un'armonia perfetta di spinte e controspinte bilanciate.

Policleto è famoso per essere stato il primo artista a indagare i principi della sua arte esponendoli nel *Canone*, un suo scritto che parla di proporzioni e misure, al rapporto tra la mano e il dito, tra la parte superiore del braccio e l'avambraccio e così via, a comporre una statua perfetta. In quell'epoca l'ambizione intellettuale sperava di raggiungere l'ideale tramite la razionalità, e il *Canone* aveva l'intento di delineare un ideale estetico, ma anche etico. I greci erano convinti di poter creare un'immagine dell'uomo perfetto. *Ma come si poteva vivere in mezzo a tanti corpi ideali?* Fa sorridere in un'epoca come la nostra, dove veniamo bombardati da immagini patinate sui social e in ogni dove. Come se le nostre fattezze, in relazione a quelle lì, non fossero altrettanto perfette.

Le sculture dell'acropoli hanno influenzato anche i produttori di ceramica che continuarono ad esportare il loro lavoro anche in Italia. Attorno al 425 a.C. anche in quell'ambito si passa a uno stile più autentico e movimentato, con forme realizzate con grande espressività.

Il termine dei lavori dell'acropoli coincide con la fine della guerra del Peloponneso; durante la prima metà del IV secolo Sparta, Tebe e Atene, le tre città-stato più grandi competono tramite alleanze interne per conquistare l'egemonia della Grecia. Il re di Macedonia, Filippo II riuscì a porre fine a questi conflitti, in quanto si mette contro l'impero persiano, il nemico comune. Questa belligeranza ininterrotta portò allo stremo i cittadini, obbligati ad allenarsi a combattere fin da bambini e finì per dissanguare la cittadinanza, portando in campo di battaglia in misura maggiore sempre più mercenari. A questo punto, il singolo si immedesima sempre meno con la polis e il privato tendenzialmente soppianta il pubblico.

Fatta questa doverosa premessa, utile a comprendere la ragione che stava dietro alla medesima tendenza artistica, nel IV secolo con il crollo del potere vennero a mancare anche gli scultori per realizzare i maestosi incarichi pubblici: ora il loro lavoro si concentrava principalmente nei rilievi funerari e votivi commissionati dalle famiglie o sfociava all'estero come accadde con il tempio di Apollo a Bassae, di Athena Alea a Tegea o il tempio di Asclepio a Epidauro. Per osmosi, le tradizioni locali vengono oscurate dal linguaggio artistico comune nato dai tempi del Partenone e mediato dallo stile individuale del singolo scultore – i pochi nomi che sono giunti fino a noi sono Skopas, Lisippo, Prassitele e Leochares. Queste nuove tendenze artistiche possono essere riassunte in poche righe: oltre al ripiegamento sul privato, la caratteristica principale è data dalla consapevolezza di trovarsi in una realtà ben diversa dal passato recente, da cui tuttavia non può prescindere. Il Partenone, Fidia e Policleto sono ormai diventati dei classici e questo dato di fatto stimola gli scultori ad approfondire le esperienze degli artisti che li hanno preceduti: gli schemi tradizionali vengono ripresi per emozionare lo spettatore. Ora Afrodite, Dioniso, Eros e tutte le altre divinità sono più prossime all'individuo pur mantenendo una certa distanza.

Per comprendere meglio questo concetto, possiamo spostare la nostra attenzione a Prassitele, lo scultore ateniese più noto e imitato fin dall'età bizantina, che realizzò opere in bronzo o in marmo esteticamente perfette ma allo stesso tempo di tipo classico e distaccato. L'opera più ammirata è senza dubbio l'Afrodite di Cnido, la prima rappresentazione interamente nuda della dea in procinto di fare il bagno, china e timida, mentre poggia le vesti su un'anfora e si copre le nudità con la mano. La messa a nudo è la conseguenza diretta del nuovo concetto di divinità che personifica il suo potere, il cosiddetto fascino erotico.

Un'altra opera di Prassitele nota è il gruppo che rappresenta Ermes, il messaggero degli dèi, mentre consegna il neonato Dioniso alle ninfe: il dio è rivolto al piccolo e disegna con il corpo una linea curva piena di sensualità grazie al peso spostato su una gamba sola e all'albero al quale si appoggia.

Skopas, invece, riuscì ad esprimere al meglio la passione per mezzo del movimento del corpo e delle fisionomie stesse – egli, infatti, è il predecessore dell'ellenismo. L'emergere dell'individuo è messo in evidenza sia dalla fama degli artisti, sia nella frequenza dei ritratti che immortalano la fisionomia della personalità dei personaggi di spicco della politica. Anche nelle sculture del IV secolo rimane palese l'idea di voler prevalere sui concorrenti e il voler superare i traguardi dei predecessori.

La conclusione della guerra nel Peloponneso ha influito profondamente anche nella produzione della ceramica: il livello di qualità diminuisce e le esportazioni degli oggetti sono mirate alle città greche del Mar Nero, a scapito delle destinazioni più occidentali. Nelle composizioni si coglie il riflesso della pittura monumentale, con sovrapposizioni e scorci che approfondiscono lo spazio, colori che danno vita ed energia alle scene e ombreggiature atte ad esaltare i volumi. Con il crepuscolo della polis, si passa alla fase ellenistica, un passaggio in cui si colloca Lisippo che ricopre tutto il IV secolo con la sua figura umana. Il *kouros* di questo arco temporale acquisisce consapevolezza e movimento pur restando immobile; inoltre, i giovani atleti di Policleto conquistano una tale libertà di movimento che pare illimitata. I più grandi scultori del IV secolo scopriranno poi le emozioni nella perfezione del corpo e con esse il provvisorio e il fuggevole. Prassitele sembra cogliere di sorpresa anche i personaggi divini, Demetra di Leochares è presa dalla nostalgia della figlia perduta, la menade di Skopas si scorda di essere fatta di marmo mentre volteggia in estasi... si tratta dell'attenta osservazione della realtà che conduce gli artisti verso la verità dei sentimenti.

La nuova struttura della figura umana impostata sull'antitesi fra distensione e tensione fu una novità che caratterizzò l'immagine dell'uomo fino agli inizi del XX secolo. Il grande privilegio consisteva nel poter rappresentare il movimento e l'energia con naturalezza: il corpo è soggetto alla forza di gravità e, infatti, può appoggiarsi ed ergersi contro di essa in tutto il proprio vigore; le figure diventano autonome, sono in grado di reggersi sulle proprie gambe. Queste non sono considerate mere capacità fisiche, ma si tratta proprio di una libertà, della possibilità di poter decidere della propria vita grazie alle proprie capacità. Una scoperta fondamentale che implicò una serie di cambiamenti anche a livello politico e religioso. La donna, ad esempio, era ritratta secondo la *dinamica della ponderazione*: se la forza del movimento era riservata all'uomo, alle figure femminili era assegnato l'ethos greco, in quanto furono abbandonati i leggeri abiti che sensualmente avvolgevano il corpo – essi erano oramai messi in relazione con i persiani – per far spazio alle nuove vesti, più pesanti e capaci di nascondere il corpo sotto teli di stoffa ordinati orizzontalmente e verticalmente.

Oltre ai significati che possiamo attribuire alla forma dell'arte, emerge una nuova visione dell'ordine del mondo e delle leggi della natura: con la figura ponderata, infatti, la forza fisica viene mostrata in prevalenza nei suoi contrasti. Avremo, dunque, tensione e distensione, sgravio e portanza, e così via. Se una gamba regge il peso, allora l'altra ne è sgravata e di conseguenza anche il corpo è eretto e il bacino inclinato in un certo modo. Le nuove forme dell'arte implicarono un ampliamento degli spazi a disposizione, a differenza degli arcaici *kouroi e korai* che consentivano di spaziare solo nei dettagli, ora la figura ponderata chiedeva esplicitamente all'artista di operare le sue scelte: dove far gravare il peso, su quale gamba, quale braccio rendere passivo e quale attivo, in quale direzione volgere la testa. Tutto era a disposizione dell'artista che poté finalmente sviluppare uno stile personale, ergendosi al di sopra dell'artigianato professionale tipico del periodo arcaico.

Il Periodo Ellenistico

Insieme al mutamento del quadro politico – la vittoriosa spedizione contro la Persia che porterà Alessandro verso l'Anatolia e l'Egitto – fu inevitabile quello artistico. Intere popolazioni si fusero dando vita a una nuova cultura ellenica, eterogenea nel profondo ma uniforme in superficie grazie alla lingua e agli schemi dell'arte greca. Dopo la morte prematura di Alessandro, si formarono tre grandi regni: Antigono guidò la Grecia e la Macedonia, ad Antioco spettò la Mesopotamia, la Siria, l'Anatolia e la Persia e l'Egitto passò sotto il controllo di Tolomeo. In maniera parallela, anche l'economia e le strutture sociali cambiarono, così come la produzione artistica: Atene è ridotta a una misera sede della cultura classicheggiante e i centri dell'arte meno famosi diventano le capitali del periodo ellenistico.

Se il Partenone fu l'elemento chiave dell'arte classica, ora abbiamo l'altare di Pergamo che si trovava al centro di uno dei terrazzi monumentali che dominavano la città dall'alto dell'acropoli. L'altare era collocato in un cortile porticato con le pareti decorate a rilievo ed era retto da un alto zoccolo con raffigurata la lotta degli dèi dell'Olimpo contro i Giganti che, in questo caso, rappresentavano i Galati di Anatolia, una minaccia ricorrente del regno pergameno. Il culmine della lotta si trova sul lato est con Zeus e la figlia Athena che stanno vincendo contro robusti antagonisti e sono tenuti sott'occhio da Gea, la madre terra, nonché madre comune di dèi e giganti. A sud sono raffigurate le divinità della luce e delle stelle, mentre a nord vi sono quelli del destino e della notte. Questa composizione mostra l'ambizione di Pergamo di essere al centro dell'universo, prima ancora dei greci.

Le rare città indipendenti entrarono in concorrenza con i monarchi solo in poche occasioni e una delle loro opere degne di nota è la Nike che si avventa sui nemici immaginari dalla prua di una nave posizionata in un bacino d'acqua cosparso di rocce, per così dire, naturali. Questo inserimento delle opere d'arte in una circostanza naturalistica rese disponibile lo spazio come contesto per effetti innovativi e grandiosi.

I sovrani ellenistici esercitarono sul proprio popolo un tale potere che si avvicinò alla concezione di quello divino: l'impressione che si voleva dare era quella che fossero sovrannaturali per il loro forte carisma e le loro indomabili energie, una situazione che influenzò anche l'arte. Gli dèi, infatti, durante l'ellenismo erano divisi in due categorie, principalmente: gli dèi paterni come Poseidone che con un sol gesto riesce a domare le forze del mare, e i giovani eroi divini come Dioniso, il modello per eccellenza di uno stile di vita votato all'abbondanza e alla concezione della felicità trasognata; una conseguenza lampante della scelta politica di Alessandro Magno che rinunciò al ruolo paterno per abbracciare quello di eroe. In parallelo vi era Afrodite sulla quale è stata riversata l'intera molteplicità di movimenti e forme – come detto, la più stupefacente è quella colta mentre è accosciata pronta per fare il bagno e con le mani si copre le nudità. L'interazione tra lo spettatore e la dea è immediata: il primo è sconcertato, e lei risponde con altrettanta sorpresa alla sua comparsa. Si potrebbe pensare che lo spavento sia uno stratagemma di tipo estetico, ma non solo, in quanto l'intento era quello di *rendere gli dèi percepibili* andando oltre ad ogni dubbio sulla loro esistenza.

È davvero difficile comprendere fino a che punto le sculture delle divinità fungessero da culto nei templi o se fossero collocate in qualità di doni votivi nei santuari; in ogni caso, le immagini cultuali continuavano a fare riferimento alle raffigurazioni realizzate nel periodo classico, quindi Athena nel tempio di Priene, Zeus nel tempio di Antiochia, Demetra e Despoina affiancate da Anito e Artemide. Con questa operazione non si puntava a un ritorno del classicismo, ma si aspirava a determinare un aspetto esteriore vincolante per il culto. Queste forme stilistiche influenzarono fortemente anche gli scultori greci a Roma e in Italia in generale, per le immagini delle divinità del nuovo potere politico emergente.

Al pari degli dèi, anche i miti tradizionali rivivevano nelle sculture in grande formato e con un grande *pathos*, la capacità di suscitare un'emozione intensa e una partecipazione totale all'effetto estetico. Se nel periodo arcaico e classico le raffigurazioni dei miti rappresentavano comportamenti etici e ideali di imprese – la lotta contro i Giganti – ora le immagini ellenistiche ritraevano destini drammatici ed esemplari. Marsia che aveva sfidato Apollo in una competizione di musica e condannato a morire scorticato fu raffigurato in modo brutale, disumano: Marsia è appeso a un albero e tutte le sue fattezze fisiche sono estremamente realistiche. Dinanzi a lui possiamo vedere uno scita mentre affila un coltello, con il volto privo di commiserazione per la vittima che sta per essere scuoiata. Un altro esempio lampante è la scultura del Laocoonte: il suo corpo è l'emblema della lotta contro la morte e il suo volto è pietrificato in una posa di dolore eterno. I serpenti non sono visti come antagonisti, ma come strumenti della minaccia e della dipartita in forma passiva.

I miti nel periodo ellenistico compaiono in ambivalenza: da una parte le figure non rappresentano più degli ideali, ma sono proprio uno spettacolo drammatico che proviene da una sorta di altro mondo e dall'altra parte, invece, queste rappresentazioni acquistano una presenza che porta lo spettatore al confronto con il mito in maniera diretta. Non si forma un giudizio sul bene o sul male, ma le immagini suscitano *compassione* nel senso più emotivo del termine.

Il mondo figurato dell'ellenismo si differenzia rispetto ai periodi antecedenti per la vastità di forme, temi e modelli culturali – esseri umani e divinità, uomini politici e cittadini erano sempre stati rappresentati allo stesso modo. Ora, invece, l'arte diversifica le peculiarità di ogni soggetto: la bellezza di Afrodite, la maestosità di Zeus, la compostezza dei cittadini, la decadenza fisica dei più poveri erano messi in evidenza. I corpi e le teste degli dèi e dei sovrani erano colossali e il pathos della lotta contro i Giganti sull'altare di Pergamo è ben diverso dalla narrazione del fregio di Telefo: la prima è un accostamento di gruppi in lotta, mentre il secondo segue una sequenza ed è collocato in un paesaggio naturale.

La realtà fisica gioca un ruolo centrale in quanto gli scultori si valutarono con forme stilistiche da toccare con mano, una apparenza di vita ingannevole con l'obiettivo di dare spontaneità alle opere. *La vividezza era il principio da perseguire* e a questo si unì un nuovo rapporto con lo spazio attorno: anche lo spettatore è coinvolto in questo nuovo ambiente, pensiamo al gruppo scultoreo di Galata suicida o degli atleti impegnati nella lotta che costringono l'osservatore a girare attorno all'opera. Questo concetto di spazio si connette con una concezione del corpo del tutto nuova, non più inteso come un sistema di movimenti e di parti organiche, come vettore di energia grazie allo sviluppo della muscolatura. Nell'ellenismo la forza fisica, l'energia e lo spazio svolgono un ruolo attivo e dinamico, ma vi è anche una ricerca della sofferenza e della passività nella descrizione dei nemici sconfitti. L'obiettivo è quello di conferire spontaneità alla figura, come abbiamo visto nella Venere in procinto di fare il bagno.

A partire dal II secolo a.C. o, meglio, dalla metà durante il tardo ellenismo, si delinearono tendenze che andarono controcorrente e si allontanarono dal pathos e dal realismo esaltato finora. Questo cambio di direzione segnala un mutamento dei modelli pubblici, la collettività che sovrasta l'attivismo, specie nelle rappresentazioni degli dèi come fece lo scultore Damofonte. Un ritorno al passato avviato da una tendenza presente in tutto il Mediterraneo, luogo in cui le forze locali superarono l'area greca. Si iniziarono a riprodurre con più accuratezza le statue classiche ed ebbe così origine quell'attività di imitazione grazie alla quale possiamo avere un'idea dell'arte figurativa greca e in contemporanea anche l'analisi dell'arte teorica assunse un carattere più storico. Proprio in questo modo sorse un linguaggio figurativo flessibile che pose le basi alla cultura figurativa dell'Impero Romano.

CAPITOLO 4

ARTE ETRUSCA

Seguendo gli avvenimenti dell'arte ellenistica, siamo arrivati pian piano alle soglie del I secolo: a quel tempo Roma esisteva già da un pezzo, almeno da più di mezzo millennio, ma non era ancora entrata a far parte della storia dell'arte. Come mai? Forse perché troppo intenta a guerreggiare e ad amministrare il popolo per potersi concedere un poco di arte, direbbe Virgilio. Il cambiamento avvenne quando Roma tra il III e il II secolo assimilò l'arte e la cultura greca, sebbene in precedenza aveva avuto un altro maestro: parliamo degli etruschi.

La civiltà etrusca giunta dall'Asia minore a causa di una carestia e guidata dal loro capo Tirreno, viveva in centro Italia, più precisamente in Toscana e in parte dell'Umbria attuale. La loro organizzazione politica era costituita da tante città-stato autonome guidate dai lucumoni, i loro governatori, assistiti dagli aristocratici. I vari nuclei urbani, circondati da massicce mura di pietra, erano riuniti in confederazioni, tra cui l'Etruria, Perugia, Volterra, Arezzo e Chiusi, noti per l'abilità con i metalli, per il commercio con i greci. La civiltà etrusca era prettamente funeraria: l'aldilà, la morte, il mondo dell'oltretomba popolato da mostruosi demoni avevano assunto un'enorme rilevanza nella religione e nella loro cultura e questo spiega la presenza di un'infinità di necropoli sparse per tutto il territorio.

Spesso il carattere di un popolo si ritrova nei monumenti architettonici e nell'impatto delle strutture urbanistiche, basti solo pensare ai tempi marmorei e luminosi della Grecia; anche l'architettura etrusca evoca immagini coese rispetto a una natura leggermente sfuggente e mimetizzata. Oggi l'architettura etrusca sembra adeguarsi al paesaggio, in quanto le costruzioni in superficie, di legno e terracotta, sono del tutto scomparse: possiamo osservare una tomba sotterranea in parte scavata, in parte costruita, o interamente scavata o, ancora, interamente costruita, resa evidente dal tumulo. I tipi più caratteristici di tomba sono a *tholos*, ossia a cupola similare a quella cretese-micenea, e la tomba a *ipogeo*, completamente sotterranea ma ricoperta da un alto tumulo conico di terra, accerchiato alla base da un robusto zoccolo di pietra.

In queste tombe manca un carattere architettonico, nonostante si possa riconoscere una determinata tendenza stilistica: un esempio lampante è la Tomba di Casale Marittimo, del VII secolo che con la sua pianta circolare, sorregge una copertura a falsa volta, composta da cerchi concentrici che via via si stringono. L'effetto creato è quello di una pesantezza chiusa e oppressiva, con un ritmo plastico. In altre sepolture la volta è ottenuta tramite una serie di pietre foggiate a cuneo ottenendo un effetto meno significativo, come possiamo notare nella Tomba Regolini-Galassi a Cerveteri. Questo primo tentativo di volta reale è destinato a diventare il motivo stilistico dominante dell'architettura romana che approfondiremo nel prossimo capitolo. Un'altra tipologia di sepolcri è quella a pianta quadrangolare con soffitto piano, come nella tomba delle sedie e degli scudi sempre a Cerveteri. Nelle tombe scavate nella roccia, la camera presenta un soffitto piano o a due spioventi o a cassettoni; non mancano pilastri e colonne che, oltre ad offrire miglior sostegno al soffitto, conferiscono anche un migliore sfarzo.

Nella Tomba Campana di Veio del VII secolo, alcuni ricercatori hanno voluto vedere il primo tentativo di arco, ma non ci siamo ancora arrivati: l'arco arriva costruito e non scavato è del V, IV e III secolo, mentre quello etrusco è ancora costruito con blocchi a cuneo, come possiamo vedere nella porta dell'arco di Volterra o nella Porta Marzia di Perugia. Nelle porte delle città l'arco diventa quasi un monumento e si abbellisce con ingombranti teste, mentre a Perugia il valore dell'arco è evidenziato dalla decorazione di tutta quanta la facciata, elementi che si ritroveranno presso i romani, con gli archi trionfali e le porte. Anche le mura poligonali, chiamate *ciclopiche* o *pelasgiche* comparvero più tardi, in età romana. Se l'immensa abilità etrusca nel campo dell'ingegneria civile – cloache, ponti, acquedotti – appare raro e tardo l'utilizzo della pietra per scopi monumentali, tombe a parte.

I documenti in nostro possesso sulla città etrusca sono quasi soltanto letterari, e fanno riferimento a una affinità nelle norme sacre che regolavano la costituzione di un tempio, di un disegno stradale urbano e della suddivisione dei poderi. A differenza della città greca, che possedeva nell'agorà il suo cuore laico, quella etrusca ritrovava nel tempio il suo fulcro e nel recinto quadrato sacro, tracciato con l'aratro, il suo nucleo primitivo – elementi che ritroveremo nella tradizione di Roma. Inoltre, le città etrusche al pari di quelle greche, si adattavano a qualsiasi preesistenza, dalle alture rocciose al corso dei fiumi e dei torrenti. Uno dei pochi esempi di piano urbanistico etrusco ancora ben riconoscibile si ha a Marzabotto, vicino a Bologna. Il forte declino che la città subì in età romana lo rende l'unico caso verificabile di piano regolatore etrusco. Parliamo di un piano caratteristico, che colloca la cittadella sacra in posizione elevata e la parte civile all'interno di uno spazio orientato. Le grandi vie ortogonali, la concentrazione nel centro delle attività di produzione artigiana, la ripartizione degli agglomerati abitati, il carattere razionale delle installazioni idrauliche idonee sono sintomo di uno sviluppo tecnico di grande rilievo. All'infuori del mondo delle colonie greche e ancora prima della colonizzazione romana, le città etrusche sono state le uniche in tutta Europa in cui un insieme sociopolitico si sia strutturato in un universo urbano coerente.

Tutte queste lodi rendono dolorosa la nostra ignoranza in campo religioso: i templi etruschi, i cuori pulsanti della città, non sono altro che frammentarie conoscenze giunte fino a noi, purtroppo. Sappiamo solo che il basamento era di pietra, il resto era fatto da un materiale ligneo, perciò estremamente vulnerabile agli agenti atmosferici e al tempo che scorre inesorabile. Il tempio era un edificio largo e basso, sovraccarico di motivi decorativi che si esprimevano lungo tutta la facciata anteriore, mentre gli altri lati erano ciechi. Lo scopo principale del tempio etrusco era quello di riparare l'*augure*, ossia il sacerdote che poteva interpretare il futuro tramite il volo degli uccelli o l'esame delle loro viscere. Utilitaria e pratica, l'architettura etrusca venne sfruttata poi dai romani in funzione decorativa negli edifici come accadde nel Colosseo: le colonne si rifanno allo stile dorico, ma il basamento e il fusto sono rigonfi e lisci.

All'interno della produzione scultorea etrusca possiamo rintracciare due linee espressive, che scandiscono epoche storiche differenti:

- tra il VII e il V secolo a.C. la prima presentava spontaneità, con aspetti di vivace realismo. Le forme erano geometriche e sfociarono nella produzione di bronzetti e terrecotte in pose plastiche.
- La seconda tendenza definita orientalizzante si delineò a partire dal V/IV secolo e fu caratterizzata da un indubbio eclettismo decorativo. Produsse oggetti in bronzo, animali immaginari come grifi, chimere, leoni alati, sfingi

ed elementi vegetali stilizzati, ma soprattutto una ricca oreficeria, con influenze fenicio-cipriote, greco-rodie e microasiatiche.

Gli artigiani che lavoravano l'oro mostrano un elevato grado di elaborazione tecnica: essi sono in grado di sfruttare tutte le sfumature (e le possibilità!) espressive del metallo. Giochi di luce, di tono, varietà di forme nei braccialetti denotano un gusto vistoso che diventa più barocco e mira all'effetto nei gioielli di Cere e di Preneste, fino a giungere alle grandi proporzioni del pettorale e della fibula a disco della Tomba Regolini-Galassi di Cerveteri.

Una forma espressiva più popolare è quella del canopo, ossia il vaso funerario a forma biconica o ovoidale, in terracotta o in bronzo, che riproduce sul coperchio (a forma di testa umana) le fattezze del defunto e un accenno di braccia nelle anse del vaso. Proprio in questi coperchi abbastanza inquietanti appaiono le prime idee di ritratto in Italia: il personaggio seduto in una terracotta da Cerveteri e l'uomo seduto di Chiusi sono i primi esempi di un'evoluzione rispetto alla primitività del canopo, portando all'individualizzazione dell'urna cineraria, fino alla figura umana completa. Il Sarcofago degli sposi di Cerveteri ci conduce, invece, a un'abilità più sviluppata e matura. Sempre a Cerveteri abbiamo il grande acroterio, ovvero la decorazione della sommità del tetto, raffigurante l'Aurora che solleva Cefalo, così come il Frontone di Guerrieri e la Minerva con l'elmo ionico.

Il ritratto è la massima espressione dell'arte etrusca, derivata dall'incontro dei maggiori contatti con il mondo greco e l'interpretazione libera dei temi greci. Quel che ne risulta è una tendenza astratta, geometrizzante di inserire teste umane negli elementi architettonici con una funzione sia decorativa che magica.

Tra il III e il II secolo si ebbe una produzione in serie di *teste fittili*, ottenute con diversi stampi e poi ritoccate; esse, pur essendo utili ad un'annotazione estetica, sono di difficile interpretazione. La splendida testa del cosiddetto Bruto capitolino doveva appartenere ad una statua di dimensioni notevoli: la testa è concepita come una compatta massa e quasi tesa nelle guance tirate, negli zigomi netti nello sguardo tagliente. Le linee appena accennate dei capelli e della barba creano quel senso di fierezza che ha fatto in modo di identificare il personaggio rappresentato. L'evoluzione avviene al tramonto del II secolo, con la statua di Aulo Metello in posa da Arringatore: ormai ci troviamo immersi in un'atmosfera romana dove la ritrattistica tocca i più alti livelli, coniugando il realismo dei tratti fisionomici con una naturalezza dell'insieme che rendono il personaggio rappresentato un tipo universale.

Tutte le opere rivelano un gusto espressionistico immediato, ma sono anche esempi di una produzione che, attraverso le varie botteghe, ricoprì tutto il Lazio; una tradizione che ha contribuito alla formazione di un autore come Vulca di Veio che realizzò il gruppo di sculture ritrovate nel santuario del Portonaccio, a Veio; la statua dell'Apollo è da considerarsi una delle più celebri del mondo antico. L'Apollo che cammina ha rivoluzionato le idee che si avevano sull'arte etrusca, finalmente sottratta al pregiudizio di una debole imitazione di moduli greci e avviata a una giusta rivalutazione critica. All'opera si è riconosciuto un influsso ionico, ma anche la sintesi dei volumi, l'immediatezza della forma nella sua tensione, la plasticità che supera la mera decorazione. Tutti i motivi si riassumono in una una linea ferma, dominata dall'obliqua che partendo dalla gamba sinistra si conclude in alto dopo la retta del naso. Anche il sorriso enigmatico dell'Apollo acquisisce un significato poetico proprio perché nella posa plastica si cela il motivo lirico dell'opera d'arte. Da questo capolavoro emergono alcuni tratti salienti di tutta la produzione artistica etrusca: una profonda e libera rielaborazione delle suggestioni e dei modelli dell'arte greca.

L'arte etrusca, infatti, non si è interessata in maniera particolare alla perfezione formale, ai sapienti rapporti proporzionali: si trattava, piuttosto, di una tensione irrazionalistica che in qualche modo forzava l'involucro razionale dell'arte greca inserendovi qualcosa di diverso, una forza dinamica molto evidente nell'Apollo e nella Lupa capitolina – quella con i due gemellini, per intenderci. L'espressione dell'animale risalta la vitalità trattenuta e, paradossalmente ma al tempo stesso coerentemente, l'immobilità stessa sembra aggiungere vitalismo nella dinamicità e tensione delle linee. Sullo stesso piano interpretativo si colloca la Chimera di Arezzo, di un secolo più tarda. La lucentezza del bronzo accompagna una linea di contorno sinuosa e tesa che forma con la coda un cerchio inconcluso, in corrispondenza della ferma tensione delle zampe anteriori. La tensione così resta come sospesa, e l'agghiacciante ruggito si fissa in una eternità diabolica. Verso la fine del IV secolo appare più netta l'influenza della scultura classica greca; per esempio, pare di riconoscere degli influssi nell'Apollo in terracotta del tempio di Falerii. La torsione dinamica del torace trova corrispondenza nello sguardo trasognato, mentre la tensione è come disciolta dai ricci che incorniciano il volto.

Nel grande insuccesso della pittura antica, l'Etruria offre il più vasto complesso di opere a noi pervenute, in quanto gli etruschi dipingevano sulle tombe e non su edifici esposti agli agenti atmosferici come facevano i greci. Il culto della tomba presso gli etruschi affondava le sue origini nella concezione mediterranea della *sopravvivenza del defunto* e, di conseguenza, della necessità di avere una casa eterna con tanto di arredo e mobilio, ove fosse garantita la continuità delle abitudini terrene. Con questa premessa, possiamo comprendere che la pittura tombale non fosse qualcosa di commemorativo o semplicemente decorativo, bensì aveva lo scopo di ricreare la vita reale nei suoi aspetti più giocosi e gradevoli – parliamo di danze, passatempi, giochi e banchetti – così che il defunto continuasse a percepire l'illusione della vita.

Se i ritrovamenti legati al VI secolo sono mal conservati, come la tomba degli animali dipinti di Cerveteri, subito dopo la pittura si concentrò a Tarquinia e sviluppò delle caratteristiche fondamentali come la linea continua di contorno, la colorazione totale e regolare delle superfici, i colori sfumati e diluiti per decorare i più piccoli particolari. La bozza e la colorazione erano fatti su intonaco fresco, il che richiedeva una certa velocità di esecuzione: sono stati rinvenuti esempi del disegno preparatorio con tracce di varianti rivelatrici della spontaneità del decoratore. Sull'intonaco secco si usavano anche colori a tempera come il nero di carbone vegetale, il rosso dell'ossido di ferro, il bianco della calce, il blu del lapislazzulo, il verde vegetale e mezzi toni.

La fase più antica dell'arte etrusca si ha nel complesso pittorico di Tarquinia, la principale necropoli dell'Etruria meridionale. Un primo gruppo di tombe risale al VI secolo e mostra influssi ionici, mentre nella Tomba dei tori è rappresentato l'unico mito greco narrato a Tarquinia: l'agguato di Achille al figlio di Priamo, Troilo. La Tomba degli auguri ci porta in un ambiente completamente etrusco e possiamo vedere due auguri mentre assistono a giochi e un uomo che si difende da un cane ringhioso tenuto dal demone Phersu; una finta porta, l'Ade, sul fondo. Si tratta di un'alternanza di vita e di morte in una scena concitata e sacra al tempo stesso, con stuzzicanti annotazioni realistiche. Nella tomba delle leonesse, che in realtà sono pantere, vi è la raffigurazione più festosa rinvenuta, mentre nella tomba della caccia e della pesca ci troviamo di fronte a una vastità paesistica mai vista prima: l'ampia veduta marina, i pescatori, gli uccelli policromi svolazzanti, i pesci nel mare... la parete sembra aprirsi completamente allo spazio, così che tutta la stanza sia invasa da un sapore di vita, nel suo disordine spontaneo. Possiamo percepire un senso dionisiaco di vita che si contrappone all'atmosfera mortuaria cui la pittura stessa è destinata.

Infine, la tomba del barone si trova su uno stile diverso ma ugualmente di alto livello evocativo e decorativo: le sue note principali sono la compostezza e la signorilità aristocratica che anima la sequenza delle figure, ritmate da lunghe pause, con figure allungate rese con una bizzarra tecnica, una sorta di non finito che fissava prima la silhouette a velo grigio, poi il contorno della figura, e infine il colore, denso, con pochi dettagli. La Tomba del barone segna il passaggio dalla fase arcaica allo *stile severo* e siamo tra il 490 e il 450 a.C., i cui soggetti prevalenti sono scene di banchetti, di cerimonie, di giochi. Nella tomba del triclinio possiamo percepire una malinconia diffusa, vagamente onirica per i colori tenui utilizzati e per la vegetazione che scandisce l'insieme. Lo stile si avvicina molto alla tomba del letto funebre in cui sono evidenziati i particolari del giovane che trattiene un cavallo azzurro e l'espressività del flautista e del coppiere.

Nell'ultimo periodo, attorno al III secolo, la decorazione delle tombe assume motivi di ordine più drammatico: ad esempio, come possiamo vedere sulla tomba dell'orco I e II e la tomba degli scudi, aumenta la preoccupazione per ciò che succede nell'aldilà e iniziano a comparire figure demoniache e in generale credenze più complicate. La nuova complessità iconografica si nota anche nella Tomba François di Vulci dove vi è ritratto l'episodio dell'uccisione di prigionieri troiani sulla tomba di Patroclo, accanto alla liberazione di Celio Vibenna da parte di Mastarna noto come Servio Tullio, il penultimo re di Roma. Compare un romano e poi divinità dell'Ade etrusco, accanto a Caronte dal colore bluastro.

Leggenda e storia si fondono in una simbologia non facile da decifrare; rispetto alle prime tombe, quelle appena citate sembrano infittire la scena, rendendola quasi dispersiva ma che comunque riesce a riscattarsi nei dettagli che mantengono una vivacità espressiva ed una forza narrativa notevoli. Certo è che quel senso di rigenerazione che nasceva dalla freschezza narrativa e dall'equilibrio compositivo delle tombe più antiche qui viene sostituito da un'ansia che sembra volersi stordire nell'evocare e poi rimuovere le immagini dei propri incubi. Può darsi che l'arte abbia saputo cogliere trasformare in metafora un disagio che i tempi stimolavano in un popolo già grande e ora avviato a una malinconica sudditanza. L'ideologizzazione del passato compenserebbe così un presente non proprio roseo.

CAPITOLO 5

ARTE ROMANA

Per capire come proceda la vicenda artistica romana, è necessario porla in relazione allo sviluppo parallelo delle istituzioni politiche. Un lungo filo conduttore percorre il travaglio della repubblica: il passaggio del potere dal senato a un singolo individuo. Nessuno osò mai pronunciare la parola monarca, ma è indubbio che le lotte civili tendono tutte ad instaurare una forma di potere monarchico sotto la spinta della pressione militare. Le guerre civili avevano portato allo stremo il popolo romano e quando i contrasti e le tensioni sono continui, l'esistenza si fa sempre più precaria, di conseguenza, subentra una stanchezza infinita che reclama pace e ordine. Al principe, in cambio della libertà si chiedono sicurezza e benessere materiale: si tratta del malefico *piacere di essere servi* di cui parlava lo storico Tacito nel II secolo d.C. La cultura mantenne una propria autonomia, ma già con Augusto il rapporto tra potere e cultura iniziò a vacillare. L'arte aveva precorso i tempi della letteratura, perché le ragioni stesse del suo essere la rendevano funzionale a fini di propaganda e celebrazione.

Il mecenate Augusto attuò una politica culturale organica, qualcosa di diverso dal fatto di avere lo Stato come principale e talvolta unico committente. Una politica culturale organica significava avere un progetto d'immagine da realizzare interpretando poesia e arti figurative: sotto questo punto di vista, l'Eneide o l'Ara Pacis Augustae erano la medesima cosa. Questa situazione posta in un clima di equilibrio tra libertà dell'artista e condizionamenti del potere costituiva il periodo felice dell'arte romana, ma l'intolleranza e il dispotismo crescente la ridussero a una mera propaganda e adulazione servile. Il governo non voleva liberi cittadini, bensì sudditi obbedienti e compiacenti adulatori. Questo andazzo portò inevitabilmente. Aun declino della letteratura prima e poi dell'arte: una scultura, un tempio, una pittura, una villa, consentivano all'artista di esprimersi più che a uno scrittore, è vero, ma comunque il concetto stesso di arte fine a sé stessa non era concepito. *Nisi utile est quod facimus, stulta est gloria* dicevano – se quel che si realizza non serve, non c'è ragione di gloria. Eppure, il lusso contrapposto alla sobrietà di costumi e all'austerità della virtù antica è una delle caratteristiche tipiche della cultura latina, anche dopo Catone: così si spiega come Seneca nel I secolo d.C. possa definire gli artisti *ministri luxuriae* e lamentarsi delle miriadi di colonne e statue che non sostengono nulla ma posizionate solo per la smania di spendere e per pavoneggiarsi. inveire:

Queste ambiguità, queste contraddizioni sono del tutto spontanee a quella situazione che possiamo definire come *uso politico dei lavori pubblici e dell'arte*, ossia un uso ai fini dell'organizzazione del consenso. Nonostante le guerre civili e l'abdicazione delle libertà repubblicane a favore della pace assicurata, l'istituto della monarchia assoluta non prosperò facilmente nell'animo del cittadino romano al quale bastava avere prosperità, grano e spettacoli gratuiti negli anfiteatri. Invece ai patrizi, ai cavalieri, alla classe ricca e colta non bastavano certo quelle cose da poco: è proprio per questa ragione che si svilupparono grandi opere pubbliche e infrastrutturali – ponti, acquedotti, vie, fori, biblioteche, terme – con elementi decorativi che accompagnavano tanto intellettualismo.

Così l'arte e la cultura servivano il principe, e servendolo servivano anche sé stesse: si trattava di un classico win-win che durò fino a che il principe riusciva a moderare il suo potere, come fecero Augusto, Nerone, Vespasiano e Tito, Traiano, Marco Aurelio e Adriano. In tutti gli altri casi deperirono le lettere, molto meno le arti figurative perché il dispotismo aveva bisogno di distrarre la popolazione dai propri mali con statue e con la monumentalità dell'impero, visto come l'Olimpo per gli dèi. Per funzionare, però, il messaggio non poteva essere ambiguo, bensì percepibile da chiunque e subito, in modo chiaro ed efficace. Il modello estetico rifiutava gli sperimentalismi per rifugiarsi nel certo, nel sicuro: nasceva così, prima come atteggiamento mentale e poi come scelta artistica, *il classicismo*. Per individuare una nuova arte, occorrerà avere sete di nuovi valori, una sete di nuove libertà che non giungeranno dalla politica, bensì dall'animo umano, dalla religione: il cristianesimo, infatti, rimuoverà l'arte romana, dopo Costantino. Il gusto classicheggiante fu codificato da Orazio, il poeta più caro ad Augusto: l'arte aveva lo scopo di dilettare e giovare al tempo stesso, riprodurre il vero e il verosimile, rifuggire dall'irrazionale con logica, unità, semplicità, evitando ogni eccesso e seguendo il giusto mezzo, per non cadere in un divertimento futile, seppure attraente, indegno degli uomini.

L'arte romana si caratterizza così per aver creato uniformità di gusto e per aver realizzato canali di diffusione dei suoi prodotti, così magnifici che mai si erano visti nella storia dell'umanità intera. Forzando un concetto moderno, potremmo parlare di arte di massa o di arte del multiplo piuttosto che del pezzo unico, firmato e irripetibile – il contrario di un NFT, insomma. Dopo questa lunga premessa introduttiva all'arte romana, possiamo iniziare a entrare nel vivo del discorso.

Le due civiltà artistiche etrusco-italica e greco-ellenistica incontratesi a Roma durante l'ultimo periodo dell'età repubblicana, trovano nella *ritrattistica* la loro massima espressione. Gli elementi veristici della ritrattistica ellenistica vengono rivissuti da scultori greci con un colto virtuosismo, in cui appare assorbita (forse con un certo non so che di intellettualismo) la crudezza realistica di determinati rilievi o busti funerari etruschi. Volti ossuti, rugosi, labbra tese... l'espressionismo accentuato ha fatto pensare all'influenza e all'ispirazione delle maschere di cera tratte dal viso del defunto e conservate nell'atrio della casa: ne sono un esempio il Ritratto di vecchio di Osimo e il Ritratto di uomo maturo di Ostia.

La scultura romana, dunque, afferma una sua identità, prima incerta poi sempre meglio definita, che si pone tra la citazione ellenistica da un lato e il verismo etrusco italico dall'altro. Si potrebbe parlare di una nuova concezione più francamente realistica, di una schietta adesione alle caratteristiche del soggetto non disgiunte da un'intenzione educativa che vuole tramandare tramite la figura del personaggio dei valori che si ritenevano appartenere allo stesso: del resto già nel Bruto e nell'Arringatore questa tendenza era apparsa evidente. Eppure, non sempre domina questo didascalismo, lampante nei ritratti di personaggi famosi come quello della Fanciulla in terracotta, databile agli inizi del I secolo a.C. in cui la luce, anziché accendere contrastanti bagliori come nel Bruto, scivola sulle superfici morbide del volto, nella bocca semiaperta, negli occhi che guardano lontano, nelle chiome scomposte, e suggerisce una sensazione di spazio aperto.

Ercolano e Pompei ci permettono, con un grado di approssimazione alquanto attendibile, di tracciare una sorta di evoluzione della pittura romana dal II secolo a.C. fino all'eruzione del Vesuvio. Posteriormente a questa data, gli esempi sono troppo scarsi e frammentari per consentire un qualsiasi riscontro critico, e dovremmo ripartire dalle decorazioni delle catacombe egiziane per poter parlare di pittura: ma si tratta di produzione di una natura, origine, destinazione totalmente diverse e disomogenee rispetto a questa. Queste due città, Ercolano e Pompei, sommerse dalla famosa eruzione del Vesuvio del 79 d.C. e poi disseppellite ancora intatte, costituiscono di per sé un unicum sia sul piano della documentazione artistica, ma anche su quello dell'informazione storica, urbanistica, sociologica vicina a Roma. La rilevanza delle due città nel mondo romano non era tale da far ipotizzare che qui vi fossero opere d'arte tali da superare un artigianato di media levatura – il fatto che esse siano le uniche due città antiche consegnateci da una serie di eventi eccezionali ancora intatte non deve farci credere che si trattasse di due piccole Atene, ecco.

Per quanto riguarda la *domus* romana, la casa, o, meglio ancora, la sua decorazione, Vitruvio ci ricorda che la megalografia, ossia la pittura di grosse dimensioni simile a quella ellenistica con cicli epici e una predilezione per l'Odissea, era un tipico motivo decorativo. Proprio all'Odissea si rifà il ciclo pittorico in origine sull'Esquilino, con didascalie in greco, una lingua nota negli ambienti patrizi e intellettuali romani a partire dal II secolo a.C. Le scene perdurate costituiscono un ottimo esempio di pittura paesistica, in cui l'evocazione atmosferica attinge quasi al fiabesco, proprio il modo in cui era vissuta la storia di Ulisse. Era proprio lo sviluppo architettonico e decorativo della domus romana a richiedere l'esigenza di colmare grandi spazi e ampie pareti con una decorazione figurativa o con finte strutture di marmo o, ancora, finti elementi architettonici già visti nelle tombe etrusche. Un esempio della decorazione articolata si ha nella Casa dei Grifi, sul Palatino: da Alessandria, Pergamo, Magnesia, provenivano i prototipi di questa decorazione, in cui domina l'effetto prospettico. La parete scompare all'occhio in quanto è tutta coperta da una decorazione ad architettura in prospettiva che amplia lo spazio della sala in maniera illusoria, con effetti di vivace policromia: le figure sono assenti, oppure sono di piccole dimensioni e hanno una funzione del tutto secondaria. Questa decorazione trova riscontro negli scenari teatrali, dove grandi tavoli di legno dipinto chiudevano le aperture della scena. Le maschere tragiche che si affacciano tra balconi e colonne nella Villa di Boscoreale di Pompei potrebbero proprio alludere a questa origine teatrale.

Altre volte l'effetto di sfondamento della parete è sostituito dal suo esatto contrario, cioè l'accentramento verso l'interno di scene illusionisticamente proiettate nel bel mezzo della sala: così appare il fregio della Villa dei Misteri a Pompei con la iniziazione ai misteri dionisiaci. Si tratta di un'opera formata da figure che trovano un grosso rilievo plastico nella vigorosa strutturazione geometrica delle forme come possiamo notare nel semicerchio del drappeggio nella danzatrice e la costruzione a triangolo delle altre figure, con la linea spezzata della figura in ginocchio.

In età cesariana, invece, i miniaturistici dettagli introdotti in quinte sceniche in cui le colonne appaiono stilizzarsi in steli floreali o arborei rilevano l'influenza egizia importata da Pompeo e da Cesare. Nei primi decenni del I secolo d.C., questo gusto tende a percorrere la parete con finte trabeazioni e colonne sottili delimitanti riquadri scuri nei quali figurine chiarissime si disegnano con tratti vivaci e lumeggiature intense e rapide, secondo un gusto diffuso nell'Alessandria di Cleopatra, come possiamo vedere nei cerbiatti della Casa dei Vetti oppure nelle decorazioni della Casa di via dell'Abbondanza a Pompei. Si tratta di uno stile rapido e conciso, che il classicista Plinio definirà in maniera dispregiativa *compendiario*, inteso come riassuntivo, schematico.

Eppure, questo stile avrà molta fortuna, ispirando anche in seguito nel II e III secolo, la maggior parte delle pitture catacombali cristiane. L'esempio più noto proviene da un frammento di una decorazione originaria da una villa di Stabia, raffigurante una donna che coglie fiori – la famosa Primavera di Stabia). L'illusionismo architettonico ricompare nell'ultima fase pompeiana, ossia tra il 40 e il 79 d.C., ma in forma diversa, in chiave più complicata e fantasiosa: i piani e gli scorci si moltiplicano in una sorta di gioco di specchi con ricchezze cromatiche e tendenze allo sconfinamento spaziale che ritroveremo nell'età barocca. Ne è un efficace esempio l'Affresco del quarto stile proveniente da Pompei, che sembra ancora richiamare le quinte teatrali. Ci troviamo ormai in epoca imperiale, in una fase di virtuosismo tecnico animato da un decorativismo quasi fine a sé stesso.

Età Giulio-Claudia

Augusto ostentava di aver rifatto di marmo la Roma repubblicana costruita con terracotta e mattoni ed effettivamente la capitale durante quel periodo acquistò un volto più monumentale. Simbolo ed espressione di questa nuova monumentalità finalizzata a una consacrazione del potere è *l'Ara pacis auguste*, ossia l'altare dedicato alla pace di Augusto. Il desiderio di pace era stato tanto forte che essa fu addirittura divinizzata, quasi a renderla il più duratura possibile, e le si eresse un monumento come si faceva con una divinità. Questo doveva essere un'offerta alla nuova dea e al suo sommo sacerdote, il princeps. Proprio tramite monumenti come questo il nuovo potere cercava la sua conferma nel sentimento popolare.

L'Ara pacis si trovava al Campo Marzio, in una cella circondata da mura. Sia le pareti interne che quelle esterne della costruzione sacra sono ornate da bassorilievi con decorazioni floreali, teste di animali, festoni, scene mitologiche e religiose in cui dominano i riferimenti alle tradizioni e alle radici storiche di Roma, insieme alla celebrazione della discendenza divina della gens Julia come possiamo scorgere nel rilievo della Saturnia Tellus, la più antica divinità italica. La genealogia ellenistica si rivela nell'influenza paesistica, nella delicata pittoricità del modellato. La composizione è ordinata in maniera rigorosa, specie nei rilievi con la Processione dedicatoria, nei quali però l'ordine della sintassi narrativa si anima nella personalità dei volti che discende dalla ritrattistica e nel realismo del panneggio, e rispecchia gli usi e i costumi romani.

I due piani seguenti creano un effetto prospettico nuovo e l'abbandono della regola dell'isocefalia, ossia la tendenza ad allineare tutte le teste sullo stesso livello, tramite l'inserimento di figure di infanti. È così che la tradizione etrusco-italica si accosta a quella ellenistica, dando un'idea di vita funzionale allo scopo propagandistico e pedagogico cui l'opera era rivolta. Questo contribuisce però anche a creare un senso di distacco: l'insieme appare messo in posa per una cerimonia ufficiale priva di naturalezza.

Questo atteggiamento letterario, se così possiamo definirlo, degli scultori dell'Ara pacis fa sì che le parti più significative finiscano per essere quelle ornamentali come le fasce a festoni di fiori e di frutta e i girali eleganti in modo sobrio, permeati di ritmo così efficacemente ornamentale da diventare topici, cioè esemplari e poi ripresi ogni volta che nei secoli successivi ci si sarebbe rifatti al classicismo – insomma, quest'arte dell'età imperiale vale diverse volte per quello che rappresenta, piuttosto che per come lo rappresenta. E il soggetto, se aveva un suo valore di messaggio per il pubblico del tempo, per noi acquista uno spessore semantico ancora maggiore, in quanto ci offre una chiave d'interpretazione storica di un'intera epoca.

Questa situazione ci permette di capire meglio il senso di una statua come quella di Augusto loricato, quello con la corazza, il più classico e ufficiale dei circa 140 ritratti di Augusto pervenutici. In essi si nota il tentativo di tipizzare la figura del princeps, che diventa canonica sia nelle fattezze che negli atteggiamenti. Nella statua in esame, è evidente la posizione policletea, tradotta nel gesto latino dell'arringare. Nei rilievi della corazza è ancor più evidente una preoccupazione classicistica nell'insieme del modellato, in quanto rievocano la restituzione delle insegne strappate dai Parti a Crasso e le allegorie della terra e del cielo: il tutto fornisce la sensazione di una letteratura figurativa, in cui il contenuto risponde ai fini didascalici, secondo una strutturazione che potremmo definire retorica, senza alcuno scopo espressivo.

La pax romana favorì anche lo sviluppo artistico delle province che ancora non avevano tradizioni artistiche: in queste, urbanistica e arte crearono un insieme ancor più romano che non a Roma stessa, perché gli influssi eterogenei erano più deboli e l'esportazione dei modelli artistici rispondeva a criteri di diffusione propagandistica e celebrativa, per cui i moduli espressivi ripresi e riprodotti rispecchiavano il gusto ufficiale del tempo. Per capirci qualcosa di più, proviamo ad analizzare il Tempio di Augusto a Pola: la larga cella e l'ampio vestibolo, le lisce colonne corinzie sormontate da trabeazione, con cornici del timpano aggettanti e un senso di proporzione più solenne per la maggior altezza relativa: tutto accentua il movimento plastico e il senso della massa.

Lo stesso è per la cosiddetta Maison carrée di Nimes, che si eleva all'incrocio tra cardo e decumano. La collocazione sottolinea la funzione del tempio, in una urbanistica in cui alle ragioni della difesa si affiancavano quelle della propaganda. Ma l'espressione migliore di quest'arte augustea sono gli Archi di trionfo a Rimini, a Susa, ad Aosta e a Pola. In età augustea gli archi si staccano spesso dalle cinte murarie e assumono una semplice funzione decorativa ma anche celebrativa, insieme. La loro intelaiatura, sobria ma al tempo stesso potente, disegna e definisce lo spazio ordinandolo in un senso di dominio sicuro, di equilibrio sereno: rappresenta il potere imperiale, facendolo percepire assoluto e indiscutibile, ma anche giusto ed equilibrato.

Nell'età giulio-Claudia la ritrattistica trovò la sua massima espressione nelle effigi degli imperatori – del resto, Augusto si fece ritrarre nelle vesti di condottiero e di pontefice massimo, indice di una scelta artistica, ma anche (e soprattutto!) di una scelta politica: l'imperatore si faceva ritrarre nelle vesti e nell'atteggiamento che riteneva più significativo per i posteri. Il ritratto, dunque, oltre che tramandare le fattezze degli imperatori, può essere letto in chiave di immagine politica che il princeps voleva diffondere di sé stesso per i posteri, scegliendo di farsi ritrarre in un modo piuttosto che nell'altro. Così Augusto, restauratore del culto religioso e della pace, posto a fianco dell'immagine del condottiero che ha posato le armi per reggere lo scettro, sceglie quella delle vesti della somma autorità religiosa, il pontefice massimo.

Si tratta di un vero e proprio processo di divinizzazione, ovvero il processo politico per cui l'impero tende sempre più ad assomigliare a una monarchia assoluta simile a quella di tipo orientale (con conseguente divinizzazione del sovrano), tanto più si alimenta il culto della personalità nei sudditi. Con Claudio ne riscontriamo proprio il primo tentativo: addirittura una statua lo rappresenta nelle vesti di Giove, lo Zeus greco, in quanto la destra, restaurata solo successivamente, reggeva la folgore), con l'aquila ai suoi piedi.

Tanto per Augusto in veste di pontefice, quanto per Claudio, si tratta di riprese classicheggianti di moduli arcinoti: policleteo (ricordiamo il Doriforo) per Claudio, pre-policleteo per il ritratto di Augusto, tutto risolto nell'intensità espressiva del volto che si isola, in una severa espressione, dalla ricchezza ampia ma al tempo stesso generica del panneggio. Si tratta del segno della tradizione ritrattistica romana, che, pur nell'accademismo dell'insieme, coglie il segno della personalità proprio nel volto, al punto che nel Claudio-Giove i tratti della esordiente senilità del viso contrastano curiosamente con il giovanilismo del corpo. Questo si nota anche nei rilievi della Lastra dei Vicomagistri: la processione sacrificale dei giovani con capo velato e dei togati incoronati d'alloro procede su schemi ormai classici, definiti, ma con un'intensa personalizzazione dei tratti del volto e nelle statuette portate dai giovani dei due Lari e del Genio di Tiberio.

I ritratti rinvenuti fino a noi sono quelli degli imperatori più amati, mentre di altri non abbiamo nessuna immagine perché erano stati uccisi per congiura o che nessuno ha particolarmente amato in vita. Per essi, infatti, il senato decretava la *damnatio memoria*, ordinando di eliminare immediatamente tutte le loro immagini: così la memoria dei loro volti è rimasta impressa nelle monete, o in qualche busto isolato, nel quale però si distinguono i tratti accigliati di Tiberio, quelli efebici di Caligola, quelli un po' enfatici e molli di Nerone.

Passiamo ora alla pittura che va dalle espressioni popolari ed espressionistiche del Cave canem, all'impressionismo della Rissa allo stadio tra pompeiani e nocerini – quest'ultima opera è stata eseguita con pitture a encausto, ovvero i colori venivano stampati direttamente con cere liquefatte e venivano fissati col fuoco direttamente sul dipinto. Petronio, l'arbiter elegantiae della corte neroniana, ricorda nel suo Satyricon la paternità alessandrina di queste pitture dal tocco sempre più allusivo e impressionistico, sommario in un certo senso, con influenze di ambiente, che hanno però in più una certa grazia popolaresca nella immediatezza e nella vivacità del racconto, nel movimento illustrativo di tutto l'insieme.

Età dei Flavi

Dopo le ricorrenti contraddizioni fra tradizione ellenistica e tradizione italica, già converse nel classicismo augusteo come abbiamo visto, l'età flavia che corrisponde alla fine del I secolo e l'inizio del II secolo d.C. raffigura il momento di piena maturazione del gusto romano che si manifesta specialmente nel campo architettonico.

In architettura, infatti, si ha lo sviluppo e la conquista dello spazio attraverso l'imponente crescita degli elementi strutturali curvilinei come il larghissimo uso della *volta*, ormai un mezzo cosciente di espressione artistica, che si arricchisce della *variante a crociera*, che consiste nell'intersezione ad angolo retto di due volte a botte. Questi sono gli elementi di base dell'Anfiteatro flavio – tutti voi sapete che si tratta di un altro nome per indicare il Colosseo, vero? – iniziato da Vespasiano e inaugurato in seguito da Tito nel 180 d.C. La maestosità di tutto l'edificio nella sua struttura cilindrica, si articola nell'eleganza del ritmo severo delle arcate sovrapposte, marcate dagli elementi decorativi degli ordini architettonici. La curva della facciata trova risposta nel motivo curvilineo della volta e proprio come nel Teatro di Marcello, l'effetto nella successione degli ordini delle semicolonne ha l'obiettivo di alleggerire il peso spostandolo verso l'alto. Il tutto rimanda ad un effetto di solennità ferma ed equilibrata, in una proporzione che non eccede né in senso verticale né in senso orizzontale.

Le medesime qualità architettoniche possiamo scorgerle o, almeno, così parrebbe, nell'Arco di Tito eretto in onore dell'imperatore della dinastia flavia, morto nell'81 d.C. in quanto le stesse caratteristiche risiedono nel rapporto di equivalenza tra la volta a botte e la plasticità dei sostegni. Le colonne corinzie sono scanalate all'interno e lisce nella parte esterna e questo, con le cornici, introduce una sorta di venatura coloristica in un insieme altrimenti troppo solido, ancorato al suolo. L'arco è arricchito nella parte interna da rilievi che illustrano il Trionfo per la conquista di Gerusalemme e possiamo notare un senso illusorio dello spazio, favorito dalla collocazione delle figure su più piani con l'agitarsi sullo sfondo di lance e insegne e dal risalto delle figure in chiaroscuro. L'azione rappresentata si muove, per quanto possibile ai nostri occhi, riecheggiata nello spazio, nel quale il rilievo di un arco (quello sotto cui passano le truppe) propone una sorta di gioco di specchi con la struttura portante, o, se proprio vogliamo, una citazione interna. Il rilievo levigato accentua una notazione coloristica tipica dell'arte flavia e che possiamo ritrovare specialmente nei ritratti, a partire da quelli di Vespasiano e di Domiziano. *Il gioco coloristico* è ottenuto con l'utilizzo del trapano nelle chiome, con l'elegante chiaroscuro delle vesti, con diademi e ricci particolarmente evidenziati. La medesima intenzione pittorica compare anche nei tratti realistici del busto di Vespasiano: l'intenzione coloristica domina sulla raffinata, aulica idealizzazione dei ritratti augustei.

Età di Traiano

Nel paragrafo precedente abbiamo parlato dei grandi edifici pubblici dell'età dei Flavi: parliamo del Colosseo, dei palazzi imperiali, del Circo Massimo... un viandante che si trovava di fronte tutta questa magnificenza doveva per forza provare un'idea di potere e di grandezza. Il palazzo più sontuoso realizzato in quell'epoca fu quello di Domiziano, inaugurato nel 92 d.C. quando la figura dell'imperatore andava assumendo i caratteri del monarca assoluto. Si trattava, dunque, della casa del re delle monarchie tipicamente orientali: i pochi resti che ne sono visibili oggi, sul Palatino nel cuore del foro, richiamano il senso della grandiosità e della magnificenza che la residenza privata del princeps doveva suscitare, specie nel motivo delle volte sovrapposte. E questo non era niente in confronto a quanto accadde nell'età di Traiano.

Durante i vent'anni di regno di Traiano, le arti figurative ebbero una crescita esponenziale, seguite dalla rigogliosa fioritura monumentale di Roma: il Foro traianeo completa la serie di quelli imperiali, fornendo l'esempio più complesso e spettacolare. Vi si accedeva tramite un arco d'ingresso che dava sulla piazza con la statua equestre di Traiano; la Basilica Upia, le due biblioteche tra le quali sorgeva la colonna istoriata, il piccolo tempio dedicato all'imperatore divinizzato costituivano un insieme di costruzioni assolutamente grandiose, con colonnati a più file e grandi absidi semicircolari che dilatavano il suono, rincorrendosi come un'eco, dilatando anche lo spazio recingendolo, secondo un ritmo armonico. Nei Mercati traianei la grande spazialità del vasto semicerchio trova una forte animazione chiaroscurale nei nicchioni in serie, sormontati da una continua successione di arcate definite in maniera plastica e rigorosa, articolate da una serie di lesene.

Architettura e scultura erano così collegate in questo complesso da apparire quasi intime e la Colonna traiana ne è l'elemento più significativo. Ideata nell'anno 113 d.C., essa ha funzioni decorative, celebrative e didascaliche al tempo stesso, snodandosi, seguendo un andamento a spirale, a illustrare le imprese di Traiano, in maniera particolare la conquista della Dacia – se pensiamo alla forma del volumen, il libro latino che si sviluppava in un grande rotolo, questo della colonna può essere visto come un libro gigantesco di pietra che si trasforma in un canto epico. Non voletemene, il riferimento non è forzato, in quanto dal poema epico discende la fusione degli elementi realistici – parliamo di battaglie e marce, principalmente – con quelli allegorici e mitologici come le apparizioni degli dèi, le loro personificazioni come il Danubio; il tutto in un continuo brulicare di vita, in cui l'elemento contrassegnante è quello della *partecipazione viva della natura alle azioni dell'uomo*.

Lo stile della Colonna traiana è una pittoricità rapida e lampeggiante del modellato, poco plastico, formato da forme appiattite che si sciolgono nella luce e nell'aria. Il rilievo della Colonna non presenta spazi vuoti e tutto sembra animato da un intenso furore di vita, in cui si trova anche la più tipica nota sul piano del contenuto: guerre e pace e le relative opere appaiono connotate dalla stessa partecipe attenzione, con un senso di umanità diffusa che si ritrova nelle riproduzioni dei vinti, oppure nella celebrazione delle fatiche dell'uomo.

Eretta con l'intento di celebrare un trionfo militare, la colonna illustra le opere della pace, mostrando come procedeva l'aggregazione di un nuovo territorio all'impero: accanto alle scene di sottomissione dei vinti, si scorgono quelle dei soldati romani che mietono il grano, che caricano e scaricano merci, che innalzano muri. L'esperienza narrativa ellenistica espressa in fregi mitologici si trasforma così in un linguaggio romano improntato al realismo e vi confluisce forse anche una tradizione della quale purtroppo non abbiamo nessun resto, cioè quello delle *pitture trionfali*. Le notazioni paesistiche sono riferimenti topografici talmente precisi che sono arrivati a vere e proprie visioni cartografiche nella rappresentazione dei fiumi, o a volo d'uccello sugli accampamenti, o ancora prospettiche nei boschi e nelle città.

La caratterizzazione ritrattistica di Traiano, di Decebalo, di alti ufficiali è accompagnata da una tipizzazione espressiva dei soldati romani e dei barbari nei loro tipi etnici, con fedeli riproduzioni dei costumi, delle armi, delle insegne: più che un'opera agiografica, la colonna si presenta dunque come un'opera storica scritta dal contemporaneo Tacito. Nel fregio si riconosce un'unica mano che ha fatto dire a taluno che, se Pericle ha avuto il suo Fidia, lo stesso è stato per Traiano. Non pare, però, che l'ignoto autore possa essere identificato in Apollodores, l'architetto ufficiale di Traiano originario di Damasco, egli seguì l'imperatore in tutte le sue imprese, progettò il ponte sul Danubio descritto nella Colonna, nonché l'intero complesso del Foro. Tuttavia, la realizzazione della Colonna con ogni probabilità fu affidata a un ignoto scultore che creò il modello e organizzò l'officina d'aiuti che tradussero nel marmo la grande opera. Quel che è certo è che quello che viene comunemente citato come il *Maestro della Colonna traiana* è visto come la più grande personalità artistica finora nota a Roma. Il Maestro influenzò tutto lo stile dell'epoca: lo vediamo nel grandioso fregio che doveva decorare il foro che poi venne smembrato in più lastre, delle quali due inserite nell'Arco di Costantino e che riprende i temi della colonna – Traiano che irrompe sui barbari e, poi, mentre viene incoronato della Vittoria. Lo stesso oggetto chiaroscurale si ritrova nell'Arco di Benevento con una tale vividezza espressiva da rendere vivo il soggetto. La sintassi è quella ellenistica e prima ancora greco-classica, poi filtrata attraverso i rilievi dell'Ara pacis e quelli dell'Arco di Tito: ma il realismo di origine romana diviene sempre più accentuato, anima i moduli e, specie nelle figure minori, assume qualche colorito popolaresco.

La grande propagazione di opere monumentali nell'impero risponde da un lato alla logica politica di rendere visibile l'esistenza del genio dell'imperatore, e dall'altro offre l'occasione di interpretare la versione provinciale delle grandi opere della capitale. Così accade per il rilievo della Barbara prigioniera di Magonza: rispetto al tono nobile che prevale nelle opere a Roma, questa citata presenta un vitalismo più intenso e una scioltezza compositiva che diventa ruvida tensione a tratti, come nella figura della Barbara, che isola delle linee di tensione narrativa un disperato dolore. Come vi era accanto alla lingua letteraria di Roma, il sermo illustris, una parlata plebea ossia il sermo vulgaris, dal quale, più che dalla lingua letteraria, avranno origine le parlate romanze, così esiste un'arte diffusa dal Reno al Danubio che traduce in toni più sciolti (e ingenui) lo stile colto delle province di maggiore tradizione artistica, confondendo talvolta accenti delle culture che precedono la conquista romana. In questo ambito nacquero nuovi linguaggi figurativi che avrebbero poi avuto la massima importanza nella formazione dei linguaggi artistici del medioevo.

Età di Adriano

Il periodo di Adriano occupa gli anni che vanno dal 115 al 138 d.C. ed è caratterizzato da un gusto classicheggiante che corrisponde alla perfezione alla passione di questo imperatore nei confronti dell'arte greca. Dal punto di vista artistico, i risultati furono contrastanti: se da una parte nell'architettura si toccarono vertici più elevati, nella scultura i risultati furono freddi, accademici, senza venire riscattati successivamente dalla vivacità dei due tondi, inseriti poi nell'Arco di Costantino, con la Caccia al cinghiale e il Sacrificio ad Apollo. I ritratti dell'imperatore sono la dimostrazione che il suo gusto per la Grecia arcaica assume un sapore amaro: quello di una sorta di esercitazione a tema. Numerose variazioni si ritrovano nei vari ritratti del favorito Antinoo, un giovane greco divenuto poi famoso per la relazione sentimentale con Adriano, tra cui spicca quello che riprende il motivo della stele attica con morbidezza ellenistica. Invece nell'Ara di Ostia possiamo notare i moduli classici in parte rinvigoriti dalla raffinata eleganza delle parti decorative e da un pittoricismo tenue, quasi sfumato.

Questo sapore di *recupero dell'arte classica* produce un gran numero di copie, che non aggiungono nulla, anzi, a volte addirittura tolgono, agli originali, ma che sono divenuti per noi una preziosa rassegna dell'arte classica che sarebbe altrimenti finita nel dimenticatoio. Il culmine di questo gusto della copia si ritrova nella Villa costruita da Adriano ai piedi di Tivoli, che possiamo definire una sintesi evocativa dei monumenti contemplati dall'imperatore nei suoi numerosi viaggi, e dei più famosi temi della statuaria greca Pantheon, vista come una sintesi dei valori architettonici dell'arte romana.

Ed è proprio con il Pantheon che l'arte di Adriano tocca i suoi risultati più preziosi e compiuti: il tempio, come suggerisce il nome, era dedicato a tutte le divinità ed era stato realizzato da Agrippa nei tempi di Augusto, ma venne poi riedificato nella forma che conosciamo tutti noi oggi, da Adriano. La parte esterna tradisce il gusto classicheggiante con le sue otto colonne che ne formano il pronao, sormontato da un timpano triangolare. Dietro ad esso, abbiamo un parallelepipedo che lo collega col corpo principale dell'edificio, costituito da una colossale cupola emisferica che fu realizzata con una gettata di calcestruzzo direttamente su un'armatura lignea con le forme dei cassettoni.

Al volume compatto dell'esterno scandito da masse ben definite, corrisponde un interno colmo del dilatarsi dello spazio scandito nei cassettoni della volta e ritmato, lungo i lati, dalle finte finestre e dai nicchioni, che mettono in risalto la luminosità del muro perimetrale e introducono una tensione dinamica, grazie al loro chiaroscuro, che pondera il senso di spazio chiuso, di finitezza e staticità dell'intero edificio. Il diametro del cerchio perimetrale è il medesimo dell'altezza della cupola: la precisione delle proporzioni fornisce la sensazione di uno spazio certo, definito in maniera rigorosa, immutabile ed eterno in quanto uguale a sé stesso. La luminosità diffusa in modo uniforme produce un equilibrio tra spazio e luce che completa l'armonica segmentazione delle parti.

Nel Pantheon si può dire davvero che la classica equilibrata compostezza dell'edificio si arricchisce di una imponenza, di una vitalità plastica tipicamente romana, tant'è che il Pantheon appare come una sintesi dei più alti valori architettonici di tutta l'arte romana. Ne troviamo un'eco adiacente nel Mausoleo di Adriano conosciuto ora Castel Sant'Angelo a Roma che riprende la tradizione repubblicana della Tomba di Cecilia Metella nella sua forma del torrione cilindrico.

Di questo periodo va poi citata l'immensa diffusione della *decorazione a mosaico*, una creazione appartenuta a vaste architetture di interni, che culmina poi nelle grandi sale delle terme. Questa tipologia di decorazione imponeva una visione ornamentale rinnovata, con una più funzionale aderenza dei motivi all'ambiente circostante mediante un motivo prevalentemente lineare, in cui si inseriscono piccoli elementi figurativi come Nereidi, Tritoni, pesciolini vari come possiamo scorgere nelle decorazioni murali delle terme. Ma è ancora più frequente nella decorazione musiva del pavimento l'uso di partizioni geometriche come losanghe, rombi, quadrati, cerchi che rievocano i cassettoni dei soffitti.

La tradizione pittorica di questi ultimi due secoli dell'arte romana non ci ha lasciato molte testimonianze intrise di significato, se non nelle decorazioni musive di varie case e ville nelle diverse province dell'impero, come quella di Piazza Armerina (secolo IV) nella quale la tradizione ellenistica sembra riportare toni accesi della battaglia tra Dario e Alessandro, trasferiti però in un mondo più naturale e campestre, nel quale toni di gioiosa vitalità subentrano alla drammaticità della scena – la medesima vitalità che si può ammirare nel pannello di pietre colorate che si trovava nella Basilica di Ginio Basso sull'Esquilino, nel quale la dinamicità della tigre che assale un torello sembra risolversi in una coloristica vitalità.

Questo stile impressionistico e vivace dal punto di vista narrativo si trova anche nel particolare di una scena di semina ed aratura in una villa a Chelles (III-IV secolo). La continuità in questi grandi mosaici policromi della tradizione ellenistica è comunque molto chiara, mentre la pittura decorativa è andata in gran parte dispersa. Eppure, per quel che ce ne rimane, possiamo dire che tra il II e il IV secolo essa diventa tendenzialmente puro decorativismo, imitando i rivestimenti marmorei e cercando di dare un'illusione dei marmi policromi. Si tratta comunque di un uso più domestico e meno ufficiale della pittura, in quanto le immagini non avevano lo scopo di fare la storia come accadeva per le opere d'arte architettoniche e scultoree che venivano commissionate ufficialmente e realizzate con materiali più duraturi.

Nel campo della scultura, dalla metà del II secolo in poi assistiamo allo svolgersi delle premesse innate nell'opera del Maestro della Colonna traiana, ma nella Colonna di Marco Aurelio, innalzata tra il 180 e il 192, si accentuano l'elemento impressionistico e una non indifferente influenza dell'arte provinciale di quello che viene chiamato *sermo rusticus*, rispetto al modello traianeo. Innanzitutto, la colonna appare più leggibile, in quanto il numero delle spirali scende da 23 a 21 e, di conseguenza, l'altezza del fregio passa da un metro e zero cinque a un metro e venticinque; inoltre, la cifra stilistica passa dal modellato morbido del bassorilievo pittorico della Colonna di Traiano all'altorilievo plastico di quella aureliana, un dettaglio ancora più rilevante.

Qui abbiamo un trapano che affonda nel marmo, creando un modellato duro, ancora più chiaroscurato, che si affida a una sintassi decisamente più schematica, in cui alla varietà dei motivi si sostituisce la ripetizione dei temi che rende prevalente la frontalità sugli scorci prospettici. Alla diversità del modellato corrisponde una parallela diversità di sentimento nel contenuto: l'accento è posto in maniera crudele e spietata, in quanto scompaiono quelle remote tracce di umanità e pietà verso i barbari che affioravano nei dettagli della Colonna traiana. A una modulazione più schematica e ordinata dei romani si oppongono i ritmi distorti dei corpi dei barbari come possiamo notare nella marcia dei legionari romani durante la seconda campagna contro i Quadi e la spietata scena, di contro, dell'annientamento di un villaggio barbaro con una donna che tenta ostinatamente di fuggire con il figlioletto. La scena è in particolar modo mossa nel cosiddetto Miracolo della pioggia, dove la smisurata figura di Giove Pluvio incombe sull'agitata animazione dei romani, sul cumulo dei barbari caduti, in un muoversi di superfici bucherellate che rendono la drammatica confusione di un'atmosfera miracolosa.

I motivi stilistici della colonna di Marco Aurelio sono ripetuti su tre pannelli con la Quadriga trionfale, il Sacrificio e la Sottomissione dei barbari, nei quali la figura a cavallo dell'imperatore richiama quella bronzea, che oggi si trova nel piazzale del Campidoglio. Questo monumento equestre, che ispirerà Donatello e che Michelangelo esigerà nella sua attuale collocazione, si può considerare un altro capolavoro compiuto durante questo periodo. La massa del grosso cavallo sembra avanzare nell'atmosfera, mentre la luce si disloca sul vibrare pittorico delle superfici che si fanno più intense e scavate nel panneggio dell'imperatore. Paradossalmente, ne deriva un senso di vitalità solenne e, al tempo stesso, di umana saggezza che spoglia questo monumento di ogni carattere convenzionale per renderlo un'opera di celebrazione della dignità imperiale.

Un aspetto caratteristico di questa fase dell'arte romana è quello della *ritrattistica ufficiale* degli imperatori, ma anche dei loro familiari e dei loro collaboratori. Se il Ritratto di Caracalla dimostra un pronunciato colorismo nei riccioli mossi, il Ritratto di Giulia Donna assume toni più realistici nel volto incorniciato dalla folta parrucca. L'asciutto realismo del Ritratto di Decio sembra riportarci alla tradizione primigenia dell'arte romana, al Bruto Capitolino.

Una plasticità più compatta, che assume toni di un essenziale grafismo con qualche ascendenza di arte provinciale compare nel gruppo rappresentante i Tetrarchi, cioè il sistema dei quattro imperatori introdotto da Diocleziano nel 286. L'opera, che oggi si trova a Venezia, proviene da Costantinopoli e risale tra la fine del III secolo e gli inizi del IV. Il simmetrico abbraccio sembra farsi astratto nell'espressione fissa e quasi stralunata dei volti che sono solo sommariamente differenziati: la funzione simbolica prevale su quella rappresentativa e rivela l'incorporarsi di influssi barbarizzanti con l'antica immobilità della ritrattistica orientale. Ciò si evidenzia nella tendenza al colossale e nei residui di una visione che combina il profilo con il prospetto.

I tratti del volto di un Ritratto di Costantino degli inizi del IV secolo appaiono netti: i piani così squadrati creano uno spirito di astrazione dal quale l'imponenza deriva da un'immobilità ieratica, quasi inerte se vogliamo, e non dalla vitalità interiore che l'arte classica aveva marchiato nella sua vita artistica. Essa continua nella statua colossale di un imperatore che si trova a Barletta e che lì vi pervenne dopo essere stata rapita dai veneziani a Costantinopoli nel 1204. Nonostante il periodo – ci troviamo alla fine del IV secolo – si può notare la cifra stilistica del Costantino, in quanto i particolari anche realistici si irrigidiscono in una composizione di simmetria forzata, caricandosi di una tensione fortemente espressiva. Per certi versi questa tensione esagerata, che va oltre l'umano e che dal punto di vista politico corrisponde all'accentuata divinizzazione della figura dell'imperatore, è il risultato di un processo di congelamento della vitalità e del naturalismo tipico dell'arte classica. L'influenza maggiore è senz'altro lo spirito di religiosità orientale che si fonde con un concetto assoluto del potere, un potere sempre più lontano e, di conseguenza, sempre meno identificabile con la scioltezza dell'immagine umana.

La tradizione ellenistico-romana

È molto difficile stabilire una linea di demarcazione netta tra l'arte romana pagana e l'inizio dell'arte cristiana. A tutti gli effetti, la storia del cristianesimo a Roma sembra non riguardare in maniera specifica la storia dell'arte a causa delle sue caratteristiche sociologiche di religione rivolta soprattutto alle classi meno elevate, specie agli inizi. Il fatto che le prime persecuzioni abbiano costretto i cristiani a nascondersi e a riunirsi nelle catacombe scavate nel tufo non era certo tale da stimolare una produzione artistica – anche perché, non dimentichiamolo mai, si accompagna sempre a una percezione estetica e necessita di un pubblico che la ammiri per comprenderne il significato. Nonostante questo, è proprio nelle catacombe che troviamo i primi esempi di *pittura murale* a partire dal II secolo d.C.: una delle prime è il Buon Pastore nelle catacombe di Domitilla (II secolo): la tecnica è impressionistica, con un leggero segno, quasi sommario, e una colorazione a vividi sprazzi che ricorda la maniera compendiaria già apparsa nelle pitture pompeiane e di cui abbiamo parlato in precedenza.

Sempre del II secolo le figure acquistano una certa maggiore monumentalità che sembra ispirarsi alla scultura, come possiamo notare nell'Ipogeo degli Aureli, a Roma. Ma l'esempio più notevole è la volta delle catacombe dei Santi Pietro e Marcellino sempre a Roma, con al centro il Buon Pastore e le figure in preghiera tutte intorno, alternate a scene delle Storie di Giona. Qui possiamo ritrovare la leggerezza del tocco e una suggestione che allude a vaghe visioni paesaggistiche idilliache e pastorali; eppure, non sarebbe giusto trovare un accenno di originalità che ci portano fuori dalla tradizione ellenistico-romana in queste prime espressioni: lo stile è quello delle pitture pagane, semmai con qualche tono più approssimativo e popolaresco. La novità si trova nel contenuto, la cui simbologia tende a diventare iconografia ripetitiva e, quindi, tipica.

Si forma così, in questa prima fase, l'iconografia dei personaggi del cristianesimo che tenderanno poi a passare nella tradizione: l'immagine del Cristo si ispira talvolta al motivo del filosofo barbuto, ma la tradizione sarà poi abbandonata al tipo giovanile dell'Apollo a dimostrazione di un miscuglio di elementi classici e di nuovi elementi cristiani. Da questo punto di vista, il tipo del buon pastore è un ottimo esempio, in quanto richiama il kouros classico. Il più antico ritratto di Cristo risale al III secolo e si trova nelle catacombe di Domitilla, a Roma: esso è connotato da lineamenti semitici non ancora stilizzati in senso occidentale e privo dell'aureola, che non era ancora stata introdotta nell'iconografia cristiana.

Nelle catacombe di Priscilla a Roma, del III secolo, compare la prima iconografia di Maria con Gesù Bambino secondo uno stile in cui l'essenzialità del tratteggio incontra una certa vivacità nel volto che richiama le pitture pompeiane. Nell'Omaggio dei Magi a Gesù Bambino, un dipinto del III secolo che si trova nelle catacombe di Priscilla, l'avanzare dei Magi con le mani protese verso la Vergine ripete uno schema già visto e che deriva da quello dei barbari sottomessi che offrono il tributo all'imperatore. Il Cristo tra gli apostoli nelle catacombe di Domitilla ci rammenta come l'arte cristiana stesse ancora muovendo i suoi primi passi rispetto alle espressioni pagane e lo notiamo nella sommarietà del drappeggio, nella fissità dei volti, nella ripetitività dello schema. Nella migliore delle ipotesi, ritroviamo pastose pennellate e forti ombreggiature, come nella pensosa ed espressiva figura di Apostolo risalente alla metà del III secolo, nell'ipogeo degli Aurelii.

Ma il cristianesimo uscirà mai dalle catacombe? Certo, ma è necessario attendere il 313, anno dell'editto in cui l'imperatore Costantino dichiarerà libertà al culto dei cristiani. Come detto in precedenza, non possiamo segnare quell'anno come la fine dell'arte romana e l'inizio di quella cristiana, in quanto non è possibile stabilire un limite netto quando le coordinate culturali e le tecniche stilistiche in cui si realizzano le opere pagane e cristiane sono le medesime. A partire dalla metà del IV secolo la Chiesa diventa via via il committente più importante, in quanto reclama la vasta produzione ad uso sacro, e inizia ad abbandonare il suo ruolo di mero edificio architettonico.

L'architettura paleocristiana riprende il motivo nella basilica nella tarda romanità che consta di un corpo a fabbrica rettangolare diviso nel senso della lunghezza in tre navate per mezzo di due file di colonne unite tra di loro da arcate o da una trabeazione rettilinea e conchiusa in un vano semicircolare con copertura a calotta, chiamato abside. Può accadere che le navate siano cinque anziché soltanto tre e, in tal caso, le file di colonne saranno quattro anziché due. Spesso a due terzi della lunghezza del corpo della chiesa si innesta un altro corpo rettangolare perpendicolare al primo, più breve, chiamato transetto: si tratta della pianta a croce latina. Questo schema possiamo ritrovarlo nella ricostruzione dell'antica basilica di San Pietro in Vaticano, e in Santa Sabina a Roma (V secolo).

Le costruzioni a pianta centrale possono essere di varie tipologie: a croce greca con due corpi rettangolari di uguale lunghezza e larghezza oppure circolari, o ancora poligonali, nel qual caso sono incentrate attorno a una cupola, secondo uno schema che abbiamo visto nel Tempio di Minerva Medica e che possiamo ritrovare nel Mausoleo di Santa Costanza, il quale segue a Roma il tempio di Minerva Medica di mezzo secolo appena. La luce che penetra dalle ampie finestre crea un contrasto tra la piena luminosità del vano centrale e la semioscurità del deambulatorio anulare privo di finestre per creare un effetto di dilatazione spaziale che richiama l'architettura romana. Purtroppo, questi sono gli ultimi esempi verificabili, in quanto le più antiche basiliche di Roma sono state tutte o in gran parte rifatte in epoche più tarde, come Santa Maria Maggiore del V secolo a tre navate con un soffitto a cassettoni del XVI secolo, oppure come San Paolo fuori le Mura, distrutta da un incendio nel secolo scorso e ricostruita come una imitazione scolastica dell'antica basilica. San Pietro in Vaticano fu ricostruito tra il XVI e il XVII secolo, anche se gli antichi documenti e le riproduzioni ci aiutano a ricostruire l'aspetto primitivo con buona approssimazione.

Se nell'architettura le esperienze cristiane delle origini riprendono le forme dell'architettura romana, tanto più questa somiglianza si nota nella scultura, come si può percepire nel confronto tra il Sarcofago con scene pastorali e il Sarcofago del Buon Pastore. Lo spirito pastorale dal soggetto si estende allo stile nella composizione slegata, sciolta e vivace dal punto di vista pittorico, e lo stile impressionistico rammenta un'atmosfera bucolica che appartiene ancora allo spirito dell'arte pagana, al di là del soggetto rappresentato. Uno dei più bei sarcofaghi del IV secolo è quello del prefetto di Roma, Giunio Basso, deceduto nel 359: esso, nella sua struttura a colonne e arcate, riprende una tipologia dell'Asia Minore che nasce da palesi fini illusionistici di ambientazione spaziale delle figure e che si riconnette alla tradizione paesistica ellenistica. La partizione ritmica dell'intelaiatura architettonica riesce però a dare una atmosfera extratemporale alle singole storie: la disposizione delle scene sul sarcofago non rispetta l'ordine degli eventi rendendo il racconto, più che una successione di fatti coerente e logica, una successione di stati d'animo. Il suo tempo è il presente di colui che medita il valore profondo e sempre attuale ciò che è stato illustrato ed è cioè, un tempo che coincide con quello spirituale del fedele. La consistenza volumetrica delle figure si lega alla scioltezza delle linee compositive e al loro equilibrio simmetrico, creando una serie di passaggi chiaroscurali che creano un ritmo tra i singoli riquadri che dona un tono di misurata pensosità a tutto l'insieme.

La medesima visione elegiaca si nota nella statua del Buon Pastore del IV secolo: anch'essa è intrisa di un morbidissimo modellato e di una visione delicatamente elegiaca, che si ricollega a tradizioni già collaudate sul piano del linguaggio artistico.

CONCLUSIONE

E per voi che significato ha l'arte? Nasce dalla testa o dal cuore? Dalla razionalità o dall'istinto dell'uomo?

Ci eravamo lasciati con queste domande prima di intraprendere il viaggio in questo affascinante mondo. Due domande per alcuni più e per altri meno spontanee che appaiono nella nostra mente ogni volta che ci troviamo dinanzi a un'opera che ci suscita emozioni. Possiamo dire che l'arte sia l'espressione stessa della creatività nelle più svariate e variegate forme conosciute – dalla costruzione degli edifici, al restauro dei mobili, dal tessere tessuti, dall'abbinare outfit colorati, ai più classici dipinti e pitture con acquerelli e (perché no?) strumenti digitali. Tutti noi siamo artisti, chi più e chi meno, con un gran potenziale creativo che non tutti decidiamo di sfruttare.

L'arte è qualcosa che, per definizione, viene percepita in maniera talmente soggettiva da non poter essere definita in un'unica spiegazione universale: ognuno di noi avverte l'arte in modo diverso, anche di una minima sfumatura. A pensarci bene, vedendo la maggior parte delle opere d'arte esposte nei principali musei, nei ricchi salotti e nelle gallerie, possiamo rispondere con assoluta certezza solo a una parte della domanda: se ponessimo l'accento, invece, allo scopo per cui certi capolavori sono stati concepiti e poi realizzati, ci renderemmo conto che qualcosa non quadra. Nell'era primordiale, come abbiamo visto, lo scopo dell'arte non era infondere fascino estetico, bellezza d'animo e armonia, ma si trattava di organizzare la vita di ogni giorno, di riuscire a sopravvivere e di invocare tramite qualche arcana forma magica il destino e di renderlo favorevole.

All'ultima domanda, ahimè – e lo dico con un sospiro pensoso – non saprei proprio rispondere: sarebbe come decidere in via definitiva se sia nato prima l'uovo o la gallina. Il dibattito ragione e sentimento, cuore e testa, ha l'età della storia dell'arte: si tratta di un eterno conflitto in cui i due fattori si alternano di continuo, predominando alle volte uno e alle volte l'altro rendendo ancora più vivo il significato stesso dell'arte.

Siamo giunti alla conclusione di questa guida sulla storia dell'arte antica, anche se non è stato semplice perché tracciare un quadro storico sull'origine dell'arte, tenendo conto di ogni sfaccettatura e avendo a disposizione informazioni frammentarie e poche volte precise, capirete anche voi che non è cosa da tutti i giorni. Spero davvero che questo volume sia stato utile allo scopo per cui è stato scritto. Come ormai abbiamo imparato, l'istinto umano è sempre alla ricerca del bello e quello che abbiamo ereditato oggi è il medesimo istinto che avevamo anche all'inizio dei tempi. L'unica differenza sta nell'uso che ne facciamo: un tempo ne eravamo quasi dipendenti, oggi invece lo usiamo di rado e, spesso, senza nemmeno rendercene conto.

NOTA DELL'AUTORE

Grazie mille par aver letto questo libro! Come avrai capito, attraverso questo manoscritto e gli altri della serie "Easy History", sto provando a rendere semplici e accessibili a tutti argomenti normalmente affrontati da lunghi e complicati testi accademici.

Il mio obiettivo da scrittore freelancer è quello di contribuire alla divulgazione di fatti storici nel modo più neutrale possibile (cosa molto difficile da fare, a causa delle influenze a cui tutti noi siamo soggetti) e in un modo che possa davvero arrivare a tutti, per permettere ai lettori (di ogni età, genere o cultura) di farsi una propria idea su cosa è successo nella storia e cosa ci è stato tramandato dai miti e dalle leggende.

Un tipo di informazione indipendente, semplice e neutrale rappresenta, secondo me, una potentissima arma contro l'ignoranza e le strumentalizzazioni che vediamo ai giorni nostri anche nei più importanti media (per non parlare dei social network), e in questo senso non c'è cosa migliore di conoscere il passato per costruire un futuro migliore.

Perché faccio questo? Per passione, niente più e niente meno. Sono sempre stato un lettore quasi ossessionato dai libri di storia e mitologia, e sono sempre stato affascinato da come eventi di centinaia o migliaia di anni fa hanno ancora effetto sulla vita odierna.

Essendo io un autore completamente indipendente, che si occupa in prima persona di tutta la ricerca, la scrittura e la pubblicità dei libri (al contrario di chi è supportato da case editrici o altri enti), ti chiedo un piccolissimo favore:

Se ti è piaciuta la lettura, o se semplicemente ti è stata utile per qualsiasi motivo, ti chiedo gentilmente di lasciare una recensione o una semplice valutazione su Amazon!

Non hai la minima idea di quanto questo possa essere utile per me e per tutti quelli che, come me, fanno tutto da soli!

BIBLIOGRAFIA

Hölscher T., *Il mondo dell'arte greca,* Torino, Giulio Einaudi editore s.p.a., 2008 – traduzione di Umberto Gandini

Isler-Kerényi C., *L'arte greca*, Milano, Editoriale Jaca Book spa, 2008

Hauser A., *Storia sociale dell'arte,* Torino, Giulio Einaudi editore s.p.a., 1987 – traduzione di Anna Bovero

Bertelli C., Briganti G., Giuliano A., *Storia dell'arte italiana,* Milano, Bruno Mondadori, 1986

www.ingramcontent.com/pod-product-compliance
Lightning Source LLC
Chambersburg PA
CBHW070232220526
45465CB00004B/1401